W0061979

Clausen · Vorstands- und Gremienarbeit aktiv gestalten

Konzept und Beratung der Reihe Beltz Weiterbildung

Prof. Dr. *Karlheinz A. Geißler*, Schlechinger Weg 13, D-81669 München
Prof. Dr. *Bernd Weidenmann*, Weidmoosweg 5, D-83626 Valley

Gisela Clausen

Vorstands- und Gremienarbeit aktiv gestalten

Ein Praxishandbuch für die Arbeit in Vereinen und Verbänden

Beltz Verlag · Weinheim und Basel

Gisela Clausen, Diplompsychologin, seit 20 Jahren als Organisations-
beraterin und Trainerin freiberuflich in Profit- und Nonprofitunter-
nehmen tätig. Tätigkeitsfelder: Prozessbegleitung und Projektberatung
bei Reorganisationsvorhaben, Konzeption und Durchführung von
Personalentwicklungsprogrammen. Bei Anfragen und Feedback erreichen
Sie die Autorin wie folgt: Clausen+Co, Hamburg, Tel.: 040-331184,
E-Mail: G.Clausen@t-online.de

Alle Rechte, insbesondere das Recht der Vervielfältigung und Verbreitung sowie
der Übersetzung, vorbehalten. Kein Teil des Werkes darf in irgendeiner
Form (durch Fotokopie, Mikrofilm oder ein anderes Verfahren) ohne schriftliche
Genehmigung des Verlages reproduziert oder unter Verwendung elektronischer
Systeme verarbeitet, vervielfältigt oder verbreitet werden.

Lektorat: Ingeborg Sachsenmeier

© 2002 Beltz Verlag · Weinheim und Basel
www.beltz.de
Herstellung: Lore Amann
Satz: Mediapartner Satz und Repro GmbH, Hemsbach
Druck: Druckhaus Beltz, Hemsbach
Umschlaggestaltung: Bernhard Zerwann, Bad Dürkheim
Zeichnungen: Ulrike Rath, Aachen
Printed in Germany

ISBN 3-407-36378-8

Inhaltsverzeichnis

Vorwort

Für wen ist dieses Buch gedacht?

Dieses Buch habe ich für all diejenigen geschrieben, die Mitglied in einem Vorstand oder einem anderen Gremium eines Vereins oder in einer ähnlichen Organisation sind. Es ist auch für diejenigen gedacht, die beabsichtigen, sich in ein solches Amt wählen zu lassen. Unter vereinsähnlichen Organisationen verstehe ich Parteien, Gewerkschaften, Kirchen, Stiftungen sowie berufsständische Kammern. Dabei handelt es sich um Organisationen mit speziellen rechtlichen Rahmenbedingungen, die jedoch in ihren Leitungsstrukturen Vereinen ganz ähnlich sind (Ott 1998).

Vereine oder ähnliche Organisationen zu leiten erfordert heutzutage vielfach, dass sich Vorstands- und Gremienmitglieder mit veränderten gesellschaftlichen Rahmenbedingungen auseinander setzen: mit rückläufigen Mitgliederzahlen, mit finanziellen Einbrüchen, mit knapper werdenden öffentlichen Mitteln, mit höheren professionellen Ansprüchen öffentlicher und privater Geldgeber und natürlich auch mit der zunehmenden Konkurrenz. Das verändert ihre Arbeit zusehends. Dabei gewinnen betriebswirtschaftliche Konzepte der Unternehmensführung und Managementwissen immer mehr an Bedeutung. Sie sind aber auf Vereine nicht ohne weiteres ebenso anzuwenden wie auf Wirtschaftsbetriebe.

Veränderte gesellschaftliche Rahmenbedingungen

Managementwissen gehört nicht unbedingt zur Qualifikation von Vorstandsmitgliedern. Ihr Engagement gilt meist den gemeinsamen Inhalten und Zielen des Vereins. Und selbst diejenigen Vorstandsmitglieder, die tagsüber in leitenden Wirtschaftspositionen tätig sind, verfolgen mit ihrer ehrenamtlichen Tätigkeit vor allem idealistische Ziele: Sie hegen die Hoffnung, zumindest in ihrer Freizeit von den täglichen Konflikten im Beruf, den dauernden Konkurrenzkämpfen und den Widrigkeiten des Wirtschaftslebens Abstand gewinnen zu können. Sie wollen sich abends oder am Wochenende mit »friedlicheren« Zielen beschäftigen. Umso enttäuschender ist für den einen oder anderen die Erkenntnis, dass die Gesetze des Marktes auf das Vereinsleben unübersehbare Auswirkungen haben.

Vorstandsarbeit erleichtern

Das Hauptanliegen dieses Buches ist es daher, Vorstandsmitgliedern Schritte aufzuzeigen, wie sie sich die Arbeit erleichtern können. Managementkonzepte zugeschnitten auf vereinsspezifische Situationen gehören dazu. Natürlich braucht ein Verein nicht alles, was auf Management-Fachtagungen als schick und modern angepriesen wird. Eine langfristig geplante Personalpolitik und übersichtliche Finanzen aber wären in vielen Vereinen ein großer Gewinn. Es sind häufig sehr einfache, fast banale Verfahren und Regeln, die die Vorstandsarbeit erleichtern und zugleich verbessern können.

Da das Buch aus meiner beraterischen Arbeit entstanden ist, enthält es zudem Hinweise darauf, wie Vorstände auch die Erfahrungen von externen Beratern gut nutzen können. Rat in Fragen des Vereinsrechts bietet das Buch nicht. Dafür gibt es spezielle Rechtsratgeber. (Ott 1998)

Alle Beispiele im Text haben reale Hintergründe. Die geschilderten Beratungssituationen und Vereins- oder Personennamen aber sind erfunden. Ähnlichkeiten mit existierenden Personen oder Organisationen sind zufällig. Um der Lesbarkeit des Textes Willen wird im ganzen Buch auch dann die männliche Form benutzt, wenn sowohl von Männern als auch von Frauen die Rede ist.

Beim Zustandekommen des Buches haben mir viele Kolleginnen und Kollegen zur Seite gestanden. Bei Ihnen möchte ich mich sehr herzlich bedanken. Ebenso bei dem Herausgeber Karlheinz A. Geißler, der mich auf die Idee zu diesem Buch gebracht hat und meiner Lektorin Ingeborg Sachsenmeier, die mich ermuntert hat, entschlossen zu kürzen.

Besonderer Dank gilt Vorstandsmitgliedern und Geschäftsführungen von:
❖ Hamburger Kunstverein e.V.
❖ Stadtfeuerwehrverband Hansestadt Lübeck
❖ Ausschuss für Wirtschaftliche Fertigung e.V.
❖ Ver.di Bundesvorstand
❖ Autonomes Bildungszentrum e.V. (ABC)
❖ Greenpeace Deutschland e.V.
❖ Kirchenkreis Stormarn
❖ Kirchenkreis Alt-Hamburg
❖ Bischöfliches Ordinariat der Diözese Rottenburg-Stuttgart
❖ Deutsches Rotes Kreuz, Landesverband Hamburg e.V.
❖ Heinrich Böll Stiftung e.V.
❖ PRO FAMILIA Bundesverband e.V.

Einleitung

Vereine und ähnliche Organisationen

Es gibt etwa fünfhundertfünfzigtausend Vereine in Deutschland (dpa 2001): Fast 40 Prozent sind Sportvereine, knapp 20 Prozent Freizeitvereine, knapp 20 Prozent Berufs- oder Wirtschaftsverbände, Parteien, Bürgerinitiativen und Umweltvereine, etwa 12 Prozent sozial-karitative Vereine, gut 10 Prozent Kulturvereine. Zwischen 1960 und 1990 hat sich ihre Anzahl nahezu verdreifacht. (Zimmer 1996) Die Vereinslandschaft ist bunt. Es gehören kleine Elterninitiativen ebenso dazu wie die großen bundesweiten Interessenverbände, wie beispielsweise Verbraucherverbände oder Unternehmervereinigungen. Der mitgliederstärkste Verein ist der ADAC. So gibt es

Etwa 550.000 Vereine in Deutschland

- ❖ **Freizeitvereine:** Sport-, Karnevals-, Wander-, Schützenvereine u.Ä.
- ❖ **Kulturvereine:** Kunstvereine, Stadtteil- und Kulturzentren, Theatergruppen, Chöre, Gesangsvereine usw.
- ❖ **Jugendverbände:** Bund Deutscher Katholischer Jugendverbände (BDKJ), Stadtjugendring, Jugendorganisationen der Parteien usw.
- ❖ **Umweltorganisationen:** Greenpeace, BUND usw.
- ❖ **Menschenrechtsorganisationen:** amnesty international, Cap Anamur und viele mehr.
- ❖ **Gesellschaftspolitische Vereinigunge:** Heinrich Böll Stiftung.
- ❖ **Interessengemeinschaften:** beispielsweise Verbraucherzentralen, Automobilclubs.
- ❖ **Bildungsvereine:** Volkshochschulen, Jugendmusikschulen, Vereine zur politischen Bildung usw.
- ❖ **Wohlfahrtsverbände:** Arbeiterwohlfahrt, Deutsches Rotes Kreuz, Deutscher Paritätischer Wohlfahrtsverband, Caritas, Diakonie usw.
- ❖ **Berufsverbände:** Schriftstellerverband, Verband deutscher Architekten, Rechtsanwälte, Bund Deutscher Psychologen, Bauernverbände usw.
- ❖ **Wirtschaftsverbände:** BDI, BDA, regionale Tarifgemeinschaften usw.
- ❖ **Rettungsdienste:** Deutsches Rotes Kreuz, Arbeitersamariterbund, Freiwillige Feuerwehren und viele mehr.

*Grundprinzip
des Vereinslebens*
Hinzu kommen Parteien, Gewerkschaften, berufsständische Kammern und Kirchen. Das Grundprinzip des Vereinslebens ist für all diese Organisationen gleich: Die Mitglieder oder Delegierten bestimmen die Geschicke des Vereins, indem sie eine Satzung beschließen und einen Vorstand als Leitungsgremium auf Zeit wählen. Dieser führt die Geschäfte und ist den Mitgliedern gegenüber Rechenschaft schuldig.

Vorstandsarbeit: Management nach Feierabend

Die Mehrzahl der Vereine sowie weite Bereiche der Gewerkschaften, Kirchen und Parteien werden überwiegend ehrenamtlich geleitet. Anfang der Neunzigerjahre gehörte jeder zweite Bundesbürger aus den alten Bundesländern einem Verein an. In den neuen Bundesländern war es etwa jeder vierte (Zimmer 1996). Knapp ein Viertel aller Vereinsmitglieder hatte ein Amt inne oder war bereit, sich an Führungs- und Leitungsaufgaben aktiv zu beteiligen.

Aus ganz unterschiedlichen Gründen stellen diese Personen Teile ihrer Freizeit zur Verfügung: Die einen zeigen gesellschafts- oder berufspolitisches Engagement, die anderen folgen ihrem sozialen Gewissen, wiederum andere organisieren so in Vereinen ihre Freizeitaktivitäten. Die ehrenamtliche Arbeit in Vorständen von Vereinen und ähnlichen Organisationen kann der eigenen beruflichen Karriere dienen oder zu einem sanften Übergang aus dem Berufsleben ins Pensionsalter verhelfen. Manche Vorstandtätigkeit ist mit viel Arbeit und wenig Ehre, Ansehen oder öffentlicher Anerkennung verbunden. Sie geschieht »allein um der guten Sache willen«.

Viel Arbeit, wenig Ehre

Vereinsleben: Gesellschaftspolitische Alltagskultur

Außenstehende begegnen Vorstandsmitgliedern von Vereinen bisweilen mit zwiespältigen Gefühlen: Indem sie diese Form des bürgerschaftlichen Engagements herablassend als Vereinsmeierei abtun, verstellen sie sich den Blick für eine Szenerie von Organisationen, die wesentlich zur Kultur unserer Gesellschaft beitragen.

*Demokratie und soziale
Kompetenzen*
Völlig unabhängig davon, ob Vereine politische Ziele verfolgen, Bildung betreiben, als Träger von Wirtschaftsbetrieben fungieren oder ausschließlich der kulturellen oder sportlichen Freizeitgestaltung dienen: Hier können Demokratie und soziale Kompetenzen gelernt werden. Menschen engagieren sich hier trotz unterschiedlicher sozialer Herkunft und trotz unterschiedlicher

Vorstellungen von der Gesellschaft, in der sie leben, für gemeinsame Ideen und Interessen. Bereits Kinder und Jugendliche lernen hier hautnah komplexe Meinungsbildungsprozesse kennen. Sie erfahren, wie Kompromisse ausgehandelt werden, und wie man mit Leuten kooperieren kann, die anderer Meinung sind. In Vereinen, die der rechtsradikalen Szene zuzuordnen sind, werden allerdings weniger demokratische Umgangsformen zwischen Mitgliedern und Vorstand gepflegt: Vereine sind so demokratisch, wie ihre Mitglieder sie haben wollen.

Vereine sind Diskussionsforen im vorpolitischen Raum. Besonders außerhalb von Großstädten üben sie Einfluss darauf aus, was in Stadt und Land auf die politische Tagesordnung kommt und was unter den Tisch fällt. Sie stellen zentrale Schnittstellen im Netzwerk der herrschenden Eliten unserer Gesellschaft dar. Hier entstehen Seilschaften und Beziehungen, die oft auch als Karrieresprungbrett für Politiker oder für Führungskräfte in Wirtschaft und öffentlicher Verwaltung genutzt werden.

Kostbares Gut: Einigung und Kompromissbildung

*Komplexe Meinungs-
bildungsprozesse*

Neben konkreten Dienstleistungen für Mitglieder und Nutzer bringen Vereine komplexe Meinungsbildungsprozesse als wichtigstes Ergebnis ihrer Arbeit hervor. Sie sind Beteiligungsgesellschaften. Die oft schwerfälligen, für Außenstehende manchmal kaum nachvollziehbaren Debatten in Vorständen und Mitgliederversammlungen rücken die Notwendigkeit – oder besser gesagt: den Zwang zur Herstellung von Gemeinschaftlichkeit und gesellschaftspolitischer Integration immer wieder neu ins Zentrum der Aufmerksamkeit. Der Prozess der Einigung und Kompromissbildung erweist sich dabei als ein Stück kollektiver Arbeit, das trotz hohen Engagements der Beteiligten nicht ohne weiteres gelingt. Wie aufwändig auch immer dieser Prozess sein mag, aus ihm entsteht ein für eine demokratische Gesellschaft ausgesprochen kostbares Gut: die Erfahrung gemeinsamer Werte, kollektiver Rationalität und entsprechender Handlungsfähigkeit.

*Erstarrten Strukturen
Leben einhauchen*

In Debatten unter Vorständen und Mitgliedern stoßen in der Regel Alltagsvorstellungen von Staat und Bürger, von unten und oben, von Menschlichkeit und Moral ungefiltert aufeinander. Es werden Halbweisheiten, Hoffnungen und Träume als Argumente ins Feld geführt. Das macht Diskussionen schwierig, aber im günstigen Fall auch sehr fruchtbar. Im ungünstigen Fall haben sich Entscheidungsrituale und Machtverhältnisse herausgebildet, deren wesentlicher Sinn darin besteht, Konflikte und Meinungsverschiedenheiten um jeden Preis zu minimieren. So ist in manchem Verein eine Kultur kollektiver Sprachlosigkeit und informeller Rangeleien entstanden. Solchen erstarrten Strukturen wieder Leben einzuhauchen, ist eine der schwierigsten Aufgaben von Vorständen.

Vereine und Organisationen: Viele sind im Umbruch

Vereine sind häufig Träger von kleinen und mittelständischen Betrieben. Die Freien Wohlfahrtsverbände, die Gewerkschaften, die Kirchen und die vielen regionalen und überregionalen Kultur- und Sportvereine sind Träger von Bildungshäusern, Volkshochschulen, Jugendzentren, Sport- und Freizeitstätten sowie von Krankenhäusern. Sie sind somit auch Arbeitgeber und stellen auf diese Weise einen beachtlichen Teil des Arbeitsmarktes dar. Die ökonomische Bedeutung von Vereinen und ähnlichen Organisationen als Arbeitgeber für etwa eine Million Vollzeitarbeitsplätze entspricht ungefähr der des Banken- und Versicherungswesens oder der des Transportwesens (Anheier 1998).

Vereine sind vergleichsweise junge Organisationen: Zwei Drittel aller Vereine stammen aus der Zeit nach dem Zweiten Weltkrieg. In den Siebziger- und Achtzigerjahren durchlief das Vereinsleben eine boomhafte Entwicklung. Und auch heute noch erfreuen sie sich ungebrochener Attraktivität: In Hamburg wurden in den letzten fünf Jahren fast doppelt so viele Vereine neu gegründet wie aufgelöst.

Aber die Kehrseite sieht so aus: Viele Vereine, die in den vergangenen Jahrzehnten Teile ihrer Aktivitäten mit öffentlichen Mitteln finanziert haben, sind nach Jahren der Mittelkürzungen jetzt am Ende ihrer Einsparmöglichkeiten. Zudem kämpfen zahlreiche traditionelle Organisationen mit rückläufigen oder stagnierenden Mitgliederzahlen. Neue Steuerungskonzepte in der öffentlichen Verwaltung und die Konkurrenz von kommerziellen Anbietern sorgen zusätzlich für öffentlichen Druck, der vielfach Veränderungen in der Schwerpunktsetzung für die Vereinsarbeit erforderlich macht.

Mittelkürzungen, rückläufige Mitgliederzahlen

Die Angebote der Deutschen Bundesbahn für junge Leute haben beispielsweise die traditionell von Jugendorganisationen veranstalteten Reisen verändert. Fitnessstudios können als weiteres Beispiel genannt werden: Sie machen den Sportvereinen Konkurrenz und wirken auch auf deren Angebote ein. Die Dienstleistungen, die Freie Wohlfahrtsverbände anbieten, sind mancherorts von freien Anbietern besser und kostengünstiger zu erhalten. Sie setzen die Freien Wohlfahrtsverbände unter Druck, ihre Arbeit effizienter zu gestalten.

Konkurrenz

Das stellt die jeweiligen Vorstandsmitglieder vor ungewohnte Aufgaben: Sie müssen Stellen kürzen und über umfangreiche Strukturveränderungen nachdenken. Das setzt Zukunftskonzepte voraus, die von einer soliden Mehrheit der Mitglieder verstanden und bereitwillig getragen werden.

Betriebswirtschaftliche Konzepte: ein Allheilmittel?

Es ist auffallend, wie zögerlich Vorstände von Vereinen und ähnlichen Organisationen selbst unter dem Druck krisenhafter Finanzentwicklungen betriebswirtschaftliche Steuerungsinstrumente nutzen, wie sie zum Beispiel im Freiburger Management-Modell (Schwarz 1999) oder in entsprechenden Handbüchern beschrieben werden. Aus ökonomischer Sicht ist das nur schwer zu verstehen. Hier zeigt sich einer der Unterschiede zwischen der Führung von Wirtschaftsbetrieben und der Führung von Vereinen: Vereine sind Gemeinschaften, die sich überwiegend jenseits von ökonomischen Interessen freiwillig zusammengeschlossen haben. Es sind weitgehend soziokulturelle Räume mit ganz eigenen Werten.

Gemeinschaften jenseits von ökonomischen Interessen

Obgleich viele Vereine Träger von Einrichtungen – wie Krankenhäusern, Sportstätten oder Beratungsstellen – sind, verstehen sich ihre Mitglieder kaum als Träger von wirtschaftlichen Aktivitäten. Erst unter dem aktuellen wirtschaftlichen Druck begreifen viele, dass sie mit freien und öffentlichen Anbietern in harter Konkurrenz stehen. Das Handwerkszeug der Unternehmensentwicklung kommt manchem Vorstandsmitglied wie eine Bedrohung der Vereinskultur vor. Es muss tatsächlich anders angewendet werden als in Wirtschaftsbetrieben.

Kapitel 1:
Das Innenleben von Vereinen

»»Früher waren wir eine Familie, heute sind wir eine Firma‹, sagt er, und es klingt bedauernd. Wie für Bayern-Präsident Franz Beckenbauer war für Uli Hoeness der Fußball auch immer ein Fluchtweg aus der Erwachsenenwelt. Hier fanden sie nach dem Ende ihrer Spielerkarrieren die emotionalen Freiräume, die der gewöhnliche Berufsalltag nicht zu bieten hat.« (Die Woche, 1.8.1997)

Jeder Verein hat genau wie Parteien, Gewerkschaften, Stiftungen oder viele kirchliche Organisationen einen Vorstand, eine Mitgliederversammlung und eine Satzung. Sie sind das Herzstück jeder vereinsähnlichen Organisation.

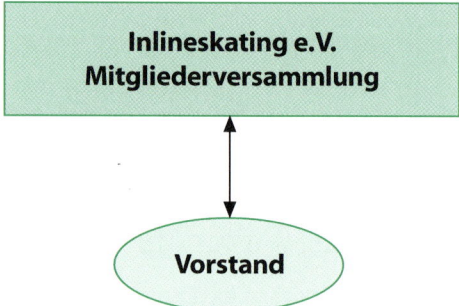

Demokratische
Struktur
Die Mitgliederversammlung ist das höchste Gremium. Dies ist ein wichtiger Unterschied zwischen Vereinen und Wirtschaftsbetrieben. Vereine sind von ihrer Grundidee her demokratisch strukturiert. Die Mitgliederversammlung bestimmt die Vereinspolitik. Sie ist für die Wahl des Vorstands, für Entscheidungen, die die Existenz des Vereins betreffen, und für Änderungen der Satzung verantwortlich. Der Vorstand führt die täglichen Geschäfte im Auftrag der Mitgliederversammlung und vertritt den Verein nach außen. Er ist der Mitgliederversammlung gegenüber zu Rechenschaft verpflichtet.

Für das Verhältnis zwischen Vorstand und Mitgliederversammlung gibt das Vereinsgesetz einen sehr allgemeinen Rahmen vor und bietet für die konkrete Ausgestaltung große Spielräume. Das bedeutet, dass jeder Verein seine Struktur und die Regelungen für das Alltagsgeschäft in weiten Bereichen selbst bestimmen und in seiner Satzung festlegen kann. Die Satzung ist das Grundgesetz eines Vereins.

Vereine sind zwar im Kern ähnlich strukturiert. Trotzdem aber bestehen große Unterschiede in ihrem konkreten Vereinsleben, die nicht nur mit den Inhalten der Vereinsarbeit zu tun haben. Die Verschiedenheit zeigt sich für Außenstehende:

❖ an den Vereinsstrukturen,
❖ am Vereinsleben,
❖ an der Organisationskultur.

Diese drei Punkte werden in diesem Kapitel genauer erklärt.

Die Vereinsstrukturen

Der Vorstand

Vorstände können von Verein zu Verein unterschiedlich heißen: Präsidium, Vorstand, Koordinationsgruppe, Leitungsteam, Gesamtvorstand, Geschäftsführender Vorstand, Kuratorium, Bezirksvorstand, Bundesvorstand usw.

Amtsperioden für den Vorstand	
Der Hamburger Kunstverein e.V.	3 Jahre
Bundesverband PRO FAMILIA e.V.	2 Jahre
Evangelische Kirchengemeinden und Kreise	6 Jahre
ver.di – Vereinigte Dienstleistungsgewerkschaft	4 Jahre
Ehrengarde der Stadt Köln 1902 e.V.	5 Jahre
Freiwillige Feuerwehr Lübeck	6 Jahre
Workshop Hannover, Zentrum für kreatives Gestalten e.V.	1 Jahr

Die Länge der Amtsperioden variiert in der Regel zwischen zwei und sechs Jahren. Bei hauptamtlichen Vorstandsmitgliedern kann die Amtsperiode auch zehn Jahre umfassen. In einigen Vereinen gibt es eine Begrenzung der Amtszeit: Die Wiederwahl ist nur ein- oder zweimal laut Satzung erlaubt.

Die Aufgaben des Vorstands

Ein Vorstand vertritt den Verein nach außen in allen öffentlichen Angelegenheiten: Er unterschreibt Verträge, die der Verein eingeht. Er vertritt den Verein vor Gericht oder gegenüber öffentlichen Geldgebern. Er ist der Ansprechpartner für die öffentlichen Medien, für Mitglieder und Nichtmitglieder. Er beschließt die Aufnahme von Mitgliedern.
Er ist intern für die Geschäftsführung zuständig und sorgt dafür, dass die Mitglieder sich eine Meinung zu Fragen der Vereinszukunft bilden. Er muss

sich Gedanken über die Entwicklung der Mitgliederzahlen machen und ist als Arbeitgeber für hauptamtlich angestellte Mitarbeiter und für den Einsatz von freiwilligen Helfern verantwortlich. Er hat die Aufgabe, dafür zu sorgen, dass die Finanzen ordentlich verwaltet werden, dass die internen Arbeitsabläufe sinnvoll organisiert sind und dass die Mitglieder regelmäßig zu Versammlungen eingeladen werden. Es gehört zu seinen Aufgaben, regelmäßig Wahlen durchzuführen und dem Amtsgericht Satzungsänderungen oder personelle Änderungen im Vorstand mitzuteilen.

Aufgabenkomplexe unterschiedlicher Gewichtung

Je nach Zweck und Zielsetzung des Vereins haben die Aufgabenkomplexe eine unterschiedliche Gewichtung: In kleinen Vereinen sind die Aufgaben in der Regel relativ leicht überschaubar. In solchen Vereinen werden Aufgaben, die die Gestaltung des Vereinslebens betreffen, vielfach von aktiven Mitgliedern wahrgenommen. Die Vorstandsarbeit beschränkt sich da meist auf die ordnungsgemäße Regelung von Haushaltsfragen und die Vertretung des Vereins nach außen.

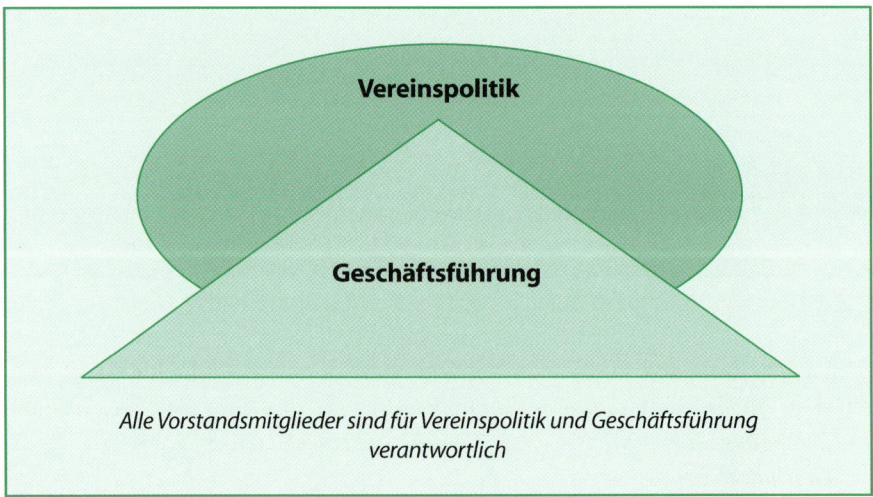

Vereinspolitik

Geschäftsführung

Alle Vorstandsmitglieder sind für Vereinspolitik und Geschäftsführung verantwortlich

Komplexer werden die Aufgaben in dem Moment, in dem Vereine

❖ öffentlichen Einfluss beanspruchen,
❖ hauptamtliche Mitarbeiter beschäftigen,
❖ öffentliche Gelder nutzen oder
❖ als Träger von Einrichtungen auftreten.

In größeren Vereinen ist es üblich, dass der Vorstand Teile seiner Arbeit an Gremien, die ihm zuarbeiten, an engagierte Mitglieder, an hauptamtliche Mitarbeiter, an eine Geschäftsführung oder an ein Vorstandssekretariat delegiert. Er bleibt aber gegenüber Außenstehenden in weiten Bereichen dafür verantwortlich, dass die Aufgaben sachgerecht erledigt werden.

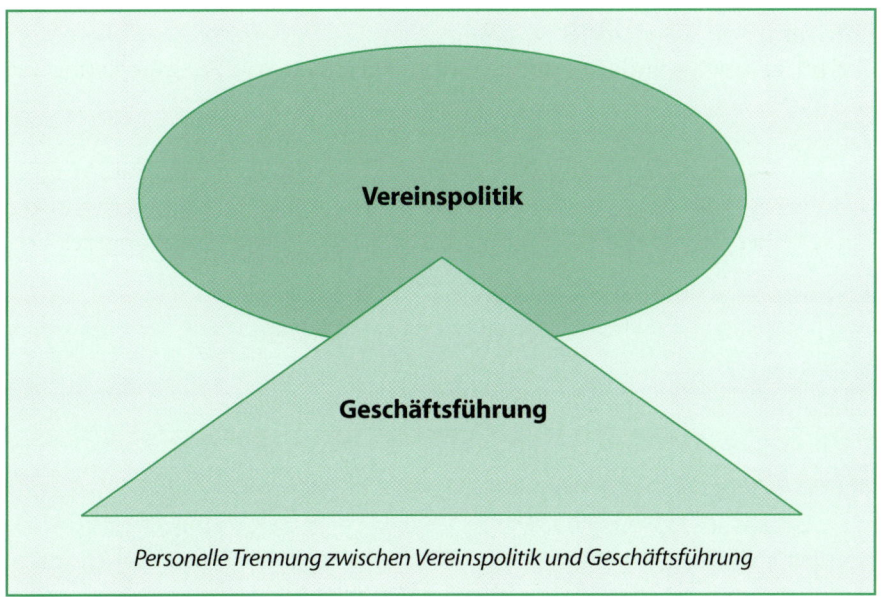

Vereinspolitik

Geschäftsführung

Personelle Trennung zwischen Vereinspolitik und Geschäftsführung

Die Landesverbände des Deutschen Roten Kreuzes haben Geschäftsstellen mit einer Reihe von hauptamtlichen Mitarbeitern und einem Geschäftsführer. Die Mitarbeiter sind für spezielle Aufgabenbereiche zuständig und sind der Geschäftsführung unterstellt.

Der »AFS Interkulturelle Begegnung e.V.« ist eine traditionsreiche Organisation für internationalen Schüleraustausch. Die Satzung dieses Vereins sieht ein Kuratorium von 20 Mitgliedern vor. Es sind meist einflussreiche Personen, die vom Vorstand benannt werden müssen. Das Kuratorium unterstützt den Vorstand bei der Verwirklichung seiner Vorhaben.

Die Anzahl der Vorstandsmitglieder

Wie viele Mitglieder ein Vorstand hat, ist unterschiedlich: Der Bundesvorstand der neuen Dienstleistungsgewerkschaft Ver.di besteht aus 19 hauptamtlichen Mitgliedern, die sich im Abstand von einem halben Jahr treffen. Die meisten Vereinsvorstände aber haben weniger als zwölf Personen (Zimmer 1996, S. 108). Die meisten Vereinsvorstände setzen sich überwiegend aus ehrenamtlichen Mitgliedern zusammen. Für die Arbeitsfähigkeit eines Vorstands ist eine Größe von fünf bis acht Mitgliedern besonders günstig.

Organisation	Vorstandsmitglieder
Das P.E.N.-Zentrum Deutschland e.V.	5 Mitglieder und bis zu 7 Beisitzer
Der Bundesvorstand Ver.di	19 hauptamtliche Mitglieder
Der Vorstand der Volkswagen-Stiftung	14 Mitglieder
Unternehmerverband Hafen Hamburg e.V.	6 Mitglieder
Greenpeace e.V.	7 Mitglieder
FC St. Pauli e.V.	3 Mitglieder
Deutscher Kulturrat	3 Mitglieder
Vorstand des ev. Kirchenkreises Alt-Hamburg	15 Mitglieder
Stadtteilkulturzentrum »Goldbekhaus« e.V.	10 Mitglieder

Gruppen aus deutlich mehr als acht Personen führen zu einem hohen internen Abstimmungsbedarf: Schon die Terminsuche für die Sitzungen gestaltet sich schwierig. In der Regel gelingt es in großen Vorständen nicht, dass alle Vorstandsmitglieder regelmäßig an den Sitzungen teilnehmen. Die regelmäßige Teilnahme aber ist eine wichtige Voraussetzung für die Arbeitsfähigkeit des Vorstands. Dauernd wechselnde Teilnehmerzusammensetzungen beispielsweise durch Vertreter einzelner Vorstandsmitglieder führen zur Wiederholung von Diskussionen bereits bearbeiteter Themen.

> **Empfehlenswerte Arbeitsregel: Vertreter von Vorstandsmitgliedern werden nur dann zur Sitzung zugelassen, wenn eine längerfristige Abwesenheit eines Vorstandsmitgliedes abzusehen ist.**

Um den Schwierigkeiten eines zu großen, aber in der Satzung vorgeschriebenen Vorstands zu entgehen, gibt es mehrere Möglichkeiten, die Arbeit zu strukturieren:

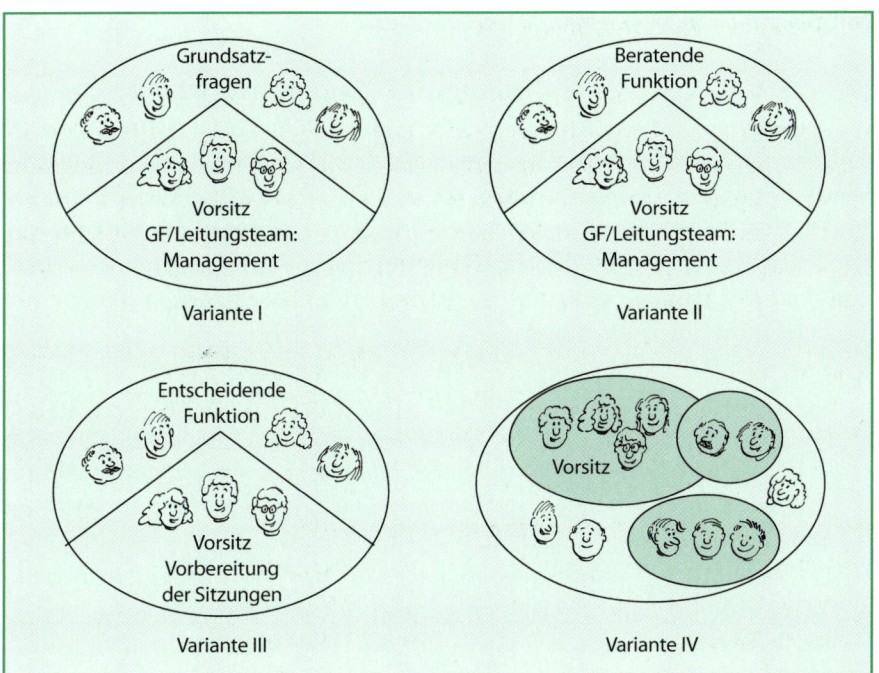

- Ein Teil der Entscheidungskompetenzen werden auf einen geschäftsführenden Vorstand übertragen. Der Gesamtvorstand tritt nur für grundsätzliche Fragen zusammen. (Variante I)
- Alle Entscheidungskompetenzen werden einem geschäftsführenden Vorstand übertragen. Der Gesamtvorstand hat beratende Funktion. (Variante II)
- Ein Leitungsteam aus Vorstandsmitgliedern ohne spezielle Entscheidungskompetenzen bereitet die Sitzungen thematisch vor und übernimmt alle organisatorischen Arbeiten vor und nach den Sitzungen. (Variante III)
- Jeweils zwei oder drei Vorstandsmitglieder sind für spezielle Bereiche der Arbeit verantwortlich zuständig. (Variante IV)

Mitglieder- und Delegiertenversammlungen

Die Mitglieder von Landesverbänden sind Kreisverbände oder Ortsgruppen des jeweiligen Vereins. Mitglieder sind in diesem Fall also nicht Personen, sondern nachgeordnete Vereine. Sie entsenden Delegierte in die Mitgliederversammlung des übergeordneten Vereins. Diese Mitgliederversammlungen heißen dementsprechend in der Regel Delegiertenversammlung. In Dachverbänden ist es ebenso. Dachverbände unterscheiden sich von Bundesverbänden dadurch, dass sie unter ihrem Dach ganz unterschiedliche Vereine mit ähnlichen Interessen vereinigen.

Der Deutsche Paritätische Wohlfahrtsverband (DPWV) ist ein Dachverband für eine große Anzahl von Vereinen, die im Bereich der Sozialen Arbeit tätig sind. Zur Mitgliederversammlung des Landesverbandes Schleswig Holstein gehören zurzeit 512 Delegierte. Sie wählen alle drei Jahre einen Vorstand aus zwölf Personen.
Der Deutsche Kulturrat besteht aus acht Mitgliedsvereinen, die jeweils bis zu sieben Personen in die Delegiertenversammlung entsenden können.
Im Bundesverband des BUND e.V. hat die Delegiertenversammlung zurzeit 128 Mitglieder.

Mitglieder- und Delegiertenversammlungen müssen regelmäßig vom Vorstand einberufen und über seine Arbeit informiert werden. Wie häufig das geschehen muss, ist in der Satzung festgelegt. In manchen Vereinen gibt es alle zwei Jahre eine Mitgliederversammlung, in anderen Vereinen findet sie jährlich statt. Darüber hinaus kann es außerordentliche Mitgliederversammlungen geben. Sie werden vom Vorstand einberufen, wenn unvorhergesehene Entwicklungen eine Entscheidung der Mitgliederversammlung nötig machen.

Gremien

»In unserem Verein bestimmt der Vorstand eigentlich gar nichts. Der Beirat ist das entscheidende Gremium! Der bestimmt das Programm und wählt den Vorstand. Es ist das wichtigste Gremium in unserem Verein. Gut ist, dass unsere Geschäftsführerin beide Gremien leitet ...« So erläuterte ein Gründungs- und Beiratsmitglied die Verhältnisse in seinem Verein, der seit 30 Jahren besteht und sich die Förderung der Kunst zur Aufgabe gemacht hat.

In vielen Vereinen wird der Vorstand bei seiner Arbeit von Gremien unterstützt. Dabei handelt es sich um Ausschüsse, Kuratorien, Beiräte oder Aufsichtsräte. Der Name eines Gremiums entspricht nicht immer seiner Funktion: Mancher Beirat hat mehr zu entscheiden als der Vorstand. Manches Mitglied glaubt einem Entscheidungsgremium anzugehören, ist aber tatsächlich Mitglied in einem Beratungsgremium, das zwar wichtig sein mag, aber keine Entscheidungskompetenz hat. Gremien haben die Aufgabe, die Vorstandsarbeit zu kontrollieren, den Vorstand zu beraten oder auch in einzelnen Fragen mitzuentscheiden. Je nach Aufgabenstellung haben sie

Gremien unterstützen den Vorstand

❖ Steuerungs- und Entscheidungsfunktion,
❖ Beratungsfunktion,
❖ Kontrollfunktion.

Genaue Auskunft über Funktion und Aufgaben eines Gremiums gibt die Satzung oder eine Geschäftsordnung.

Der »Bund für Umwelt und Naturschutz Deutschland e. V.« (BUND) hat einen wissenschaftlichen Beirat. Ihm gehören Delegierte aus den wissenschaftlichen Arbeitskreisen der Landesverbände an. Er hat die Aufgabe, den Vorstand und die Delegierten zu beraten, kann fachliche Programme veröffentlichen und zu aktuellen Themen Stellung nehmen.

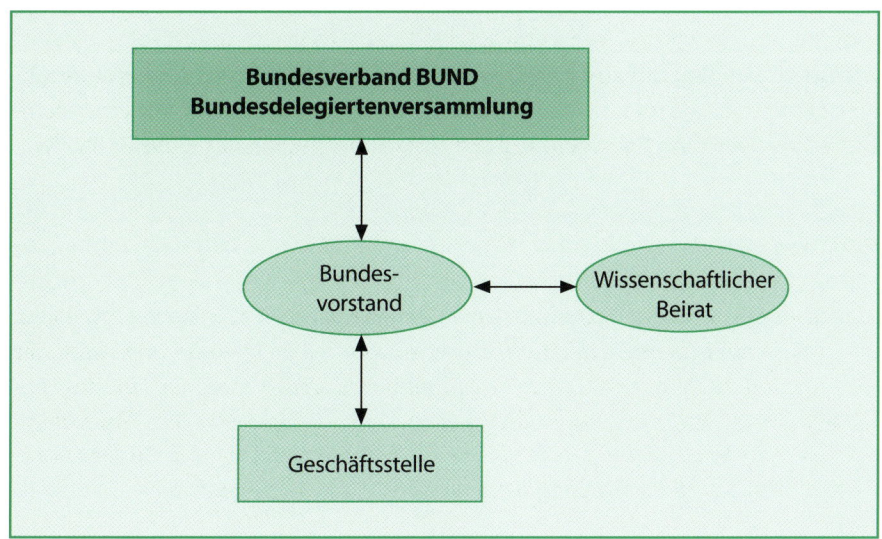

Vereine, die eine größere Anzahl von Gremien haben, wollen auf diese Weise möglichst viele Mitglieder an Machtfragen und Entscheidungen beteiligen oder ihnen zumindest die Möglichkeit geben, die Vorstandsarbeit kontrollieren zu können.

Gefahr des Machtmissbrauchs

In vielen Organisationen herrscht die Überzeugung: Je mehr Menschen mit Hilfe von Gremien an Entscheidungsprozessen beteiligt werden, umso besser sind die Mitglieder vor Machtmissbrauch geschützt. Die Praxis aber beweist häufig gerade das Gegenteil: Je mehr Gremien in einem Verein existieren, umso unübersichtlicher und verwirrender werden die formellen Strukturen eines Vereins. Um handlungsfähig zu bleiben, entwickeln gerade die engagierten und einflussreichen Vorstands- oder Gremienmitglieder in solchen Vereinen informelle Machtstrukturen, die jeder formellen Kontrolle entzogen bleiben: Bevor der Vorstand oder ein Ausschuss tagt und ein Thema diskutieren kann, sind bereits unter einzelnen Mitgliedern vielfältige Absprachen getroffen worden. Diskutiert wird nur noch zum Schein, denn die Mehrheit für den entsprechenden Beschluss steht bereits fest.

> **In der Regel gilt: Je mehr Gremien neben dem Vorstand existieren, umso weniger Vertrauen setzen die Mitglieder in die Vorstandsarbeit.**

Die Komplexität des Gremiengefüges spricht häufig eine klare Sprache: Sie gibt zu erkennen, wie der jeweilige Verein mit Macht und Einfluss umgeht. Es wird deutlich, wie beweglich oder unbeweglich ein Verein ist.

Ein großer kirchlicher Kreisverband hat neben seiner Delegiertenversammlung und dem Kreisvorstand etwa acht Ausschüsse und sechs Fachbeiräte sowie Kuratorien für spezifische Arbeitsfelder. Kaum jemand kann da noch einen guten Überblick haben, welches Gremium welche Aufgaben hat.

Je mehr Gremien, umso mehr versanden die Machtverhältnisse und umso unbeweglicher wird die Organisation. Ein solches Gremiengefüge ist für schnelle Reaktionen auf gesellschaftliche Entwicklungen nicht geeignet.

Die Geschäftsstelle

Die hauptamtlich besetzte Geschäftsstelle eines Vereins kann aus einem Sekretariat bestehen, aus einem Mitarbeiter mit spezieller beruflicher Fachkunde und Ausbildung oder aus einem Geschäftsführer mit einer größeren Anzahl an Mitarbeitern. Sie arbeitet im Auftrag des Vorstands und unterstützen ihn mit ihrer Fachkunde bei der Arbeit.

Satzung und Geschäftsordnung

In der Satzung sind festgelegt: Vereinszweck, wie man Mitglied wird, wie man die Mitgliedschaft kündigen kann und wie der Vorstand gewählt wird. Die Satzung gibt Auskunft darüber, für welche Aufgaben und Entscheidungen der Vorstand verantwortlich ist und welche Entscheidungen nur die Mitgliederversammlung selbst treffen kann. Die Satzung eines Vereins und die Namen der Vorstandsmitglieder müssen dem Vereinsregister am Amtsgericht mitgeteilt werden. Sie sind für jeden zugänglich.

Vereinszweck, Mitgliedschaft, Vorstandszahl

Je nach Größe des Vereins wird die Verteilung der Kompetenzen variieren: In kleinen Vereinen wird vieles zwischen Tür und Angel gut und kooperativ geregelt, ohne dass irgendjemand dafür formelle Absprachen benötigt. In großen Vereinen bedarf es der Festlegung in einer Geschäftsordnung. Sie ist ein vereinsinternes Papier und gibt Auskunft über detailliertere Regeln und Absprachen zur Bearbeitung des alltäglichen Geschäfts.

Satzungs- und Geschäftsordnungsregeln »sind dazu da, einen Machtausgleich zu ermöglichen und die Entscheidungs- und Diskussionsdynamik nicht allein von der Leitung, dem Präsidium einer Versammlung, sondern auch von den Teilnehmern und Teilnehmerinnen abhängig zu machen« (Grawe 1995).

Das Vereinsleben

Vereine sind Lebensräume

Vorstandsmitglieder antworten vielfach auf die Frage, warum sie sich gerade im Rahmen einer Gewerkschaft, eines bestimmten Vereins oder einer bestimmten Partei engagieren, folgendermaßen: »Meine Eltern gehörten schon dieser Organisation an. Ich bin da so ’reingewachsen« oder: »Ich war schon als Kind Mitglied in diesem Verein.« oder: »Mein Freund war Mitglied. Der hat mich da mit hineingezogen.«

Vereinsähnliche Organisationen sind für viele ihrer Mitglieder über den eigentlichen Vereinszweck hinaus Lebensgemeinschaften. Satzungen enthalten über diesen Aspekt keine Aussagen. Betrachtet man aber die Cliquen, Freundeskreise und Fraktionen, aus denen Vorstandsmitglieder kommen, so zeigt sich deutlich, dass das Vereinsleben großen Familien, Dorfgemeinschaften oder Nachbarschaften ähnelt.

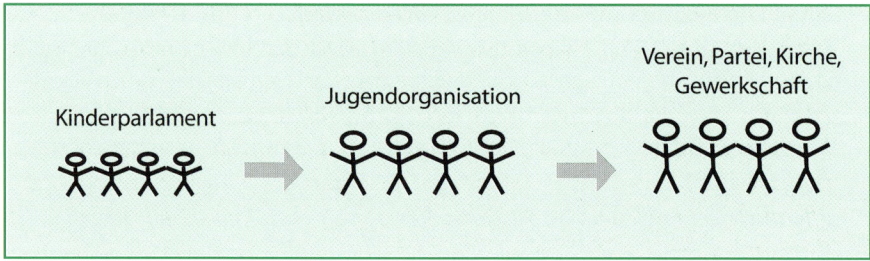

Die Präsidentin einer evangelischen Synode bemerkte bei der Verabschiedung eines Propstes in den Ruhestand: »Als du deine erste Stelle als Pastor angetreten hast, hatte ich schon mein zweites Kind.« In der Art, wie diese Bemerkung im Rahmen der formellen Verabschiedung gesagt wurde, schwang langjährige Verbundenheit der Lebenswege mit. Beide haben sich offenbar ihr Leben lang in ähnlichen Kreisen bewegt: eben im kirchlichen Lebensraum.

Solche Lebensräume zeichnen sich durch ungeschriebene Gesetze und Regeln aus. Zum Vereinsleben gehören bestimmte moralische Haltungen, Wertvorstellungen und Weltbilder. Diese Grundlagen von Vereinen sind nur ansatzweise Programmen und Satzungen zu entnehmen. Sie sind deutlicher im Verhalten der Mitglieder und ihrer Lebenseinstellung erkennbar. Selbst Vorstands- oder Gremienmitglieder haben häufig nur ein intuitives Verständnis für die spezifische Kultur und die Grundwerte ihres Vereins. Außenstehenden können sie die Einstellungen und Umgangsformen, die für den Verein typisch sind, meist nur sehr global und lückenhaft darstellen. Das Gefühl persönlicher Zugehörigkeit ist das wichtigste Zeichen dafür, dass man mit den ungeschriebenen Gesetzen eines Vereins tendenziell einverstanden ist. Es entsteht nicht in erster Linie durch rationale Entscheidungen, sondern vielmehr durch persönliche Verbundenheit.

Vereine sind soziokulturelle Lebensräume für ihre Mitglieder

Diese Seite des Vereinslebens wird auf Jubiläumsfeiern, Weihnachtsfeiern und anderen Festen besonders deutlich:

Anlässlich des zwanzigjährigen Bestehens der taz (die tageszeitung) feierten 1998 politisch engagierte Journalisten und Zeitungsmacher, Altachtundsechziger, Grüne und die ganze linke Politszene zusammen. Es war ein großes Fest, für das Zeitungsmacher, Mitarbeiter, Mitglieder und Leute aus dem Dunstkreis der taz aus ganz Deutschland angereist waren. Die Berichterstattung in den Medien nahm relativ großen Raum ein. So wurde einmal mehr öffentlich sichtbar, dass die taz für einen spezifischen kulturellen Raum steht: Entstanden war die Zeitung in den 70er-Jahren als alternatives Zeitungsprojekt zur Veröffentlichung von Nachrichten, die in der Regel eher verschwiegen wurden. Bis 1989 war sie ein Verein, dessen oberstes Entscheidungsorgan ein bundesweites Plenum war. Heute ist die taz eine Genossenschaft.

Mit ihren Normen und Werten repräsentieren Vereine die Weltsicht ihrer Mitglieder. Gibt man die Mitgliedschaft in einem Kultur- oder Sportverein, einer Partei oder einer Gewerkschaft auf, verliert man ein Stück geistiger und sozialer Heimat. Das gilt für regionale Karnevalsvereine ebenso wie für Sportvereine oder überregionale Berufsverbände. Man kennt sich. Je kleiner der Verein, umso familiärer die Verhältnisse. Schützenfeste sind in der Regel Feste des ganzen Dorfes. Feuerwehrbälle sind in vielen Kleinstädten das wichtigste soziale Ereignis des Jahres. Manches Vereinsmitglied singt in einem Chor mit, um Leute aus der Gegend zu treffen. Tennis- oder Golfclubs haben für viele ihrer Mitglieder in erster Linie eine soziale oder berufliche Funktion.

Das Zusammenspiel von Cliquen, Freundeskreisen und Fraktionen regelt sich in kleinen Vereinen wie von selbst. In großen Vereinen ist das anders. Da muss der Vorstand mit seiner Arbeit den Zusammenhalt der internen Gruppierungen aktiv pflegen und unterstützen. Dazu dienen

❖ Feste, Ausflüge, Reisen.
❖ Gemeinsame Projekte und Aktionen, an denen Mitglieder unterschiedlicher Fraktionen mitarbeiten.
❖ Wettspiele mit anderen Vereinen.
❖ Beteiligung an überregionalen Aktivitäten.
❖ Tagungen mit anderen Vereinen.
❖ Gemeinschaftsabende oder Diskussionsforen.
❖ Schulungen.

Die Organisationskultur

Vereine haben als grundlegendes Strukturmerkmal die Beteiligung interner Öffentlichkeiten. Daraus entsteht eine Organisationskultur, in der Mitarbeiter und Mitglieder verständlicherweise in viel höherem Maße erwarten, beteiligt zu werden als dies für Angestellte eines Wirtschaftsunternehmens gilt. Werden Mitglieder und Mitarbeiter nicht ausreichend an Diskussionen über grundlegende Weichenstellungen der Vereinsentwicklungen beteiligt, wird ihr Vertrauen in den Vorstand erschüttert und sie verlieren die Lust, sich zu engagieren.

Jeder Verein repräsentiert mit der Art wie sein Vorstand, seine Gremien und seine Mitglieder ihre Aufgaben wahrnehmen und die Geschicke des Vereins lenken, auch selbst eine spezifische Kultur. Diese Organisationskultur ist am deutlichsten daran abzulesen, wie ein Vorstand arbeitet und wie seine Arbeit im Verein eingeschätzt wird. Im Folgenden werden typische Arbeitsstile von Vorständen skizziert (vgl. Tricker 1999), die Einblick in die Kultur des jeweiligen Vereins vermitteln.

❖ **Der Countryclub**
   Die Aufmerksamkeit der Vorstandsmitglieder liegt schwerpunktmäßig auf den Beziehungen innerhalb des Vorstands. Das ist vor allem in traditionsreichen, alteingesessenen Vereinen der Fall. Traditionen und Rituale werden in den Sitzungen sehr gepflegt. Die Einrichtung des Sitzungsraums ist sorgfältig ausgewählt und häufig mit Bildern früherer Vorsitzender geschmückt. Innovative Kräfte werden von einem solchen Vorstand eher gebremst.

Typische Arbeitsstile

❖ **Die Abnickrunde**
   Die Vorstände mit diesem Stil kümmern sich nicht sonderlich intensiv um die inhaltlichen Aufgaben. Die Sitzungen sind eine reine Formalität. Solche Runden entwickeln sich, wenn eine Person im Vorstand ausgesprochen dominant ist, wenn einige Personen wichtige Absprachen informell vorbereiten oder wenn wesentliche Entscheidungen von der Geschäftsführung vorbereitet werden. Ein solches Gremium hat kaum eine Chance, durch Erfahrung zu lernen.

❖ **Die Frühstücksdirektoren**

Solche Vorstände identifizieren sich mit den Inhalten der Vereinsarbeit und haben kaum Entscheidungskompetenzen. Sie genießen hohes Ansehen in der Öffentlichkeit, übernehmen Repräsentationsaufgaben für den Verein, halten öffentliche Reden und geben Interviews. Große Teile der Vorstandsarbeit und weit reichende Entscheidungskompetenzen sind an einen geschäftsführenden Vorstand oder an die Geschäftsführung delegiert. Solche Vorstände geraten in die Gefahr, von den einflussreichen Mitgliedern des Vereins wie eine verzichtbare Schaumkrone behandelt zu werden.

❖ **Der Vorstand des kleinsten gemeinsamen Nenners**

Hier handelt es sich um Vorstände, die die Hoffnung auf einen lebendigen Meinungsaustausch aufgegeben haben. Diskussionen halten sie für Zeitverschwendung. Sie haben die Erfahrung gemacht, dass Meinungsverschiedenheiten im Vorstand von den Mitgliedern dazu benutzt werden, um persönliche Steckenpferde immer wieder zu debattieren. Sie kommen zu Entscheidungen, indem sie Sachdiskussionen vermeiden und Kompromisse ersinnen, bevor eine Kontroverse überhaupt sichtbar geworden ist. Bei einem solchen Vorgehen kommt es immer wieder zu Entscheidungen, die ganz offenkundig nicht sachgerecht sind. Ein solcher Vorstand verliert intern und extern schnell an Glaubwürdigkeit.

❖ **Die oberste Verwaltung**

Die Vorstandssitzungen finden abends statt. Alle sind froh, wenn das Nötigste entschieden ist. So entsteht ein Leitungsstil nach dem Feuerwehrprinzip: Es wird kontinuierlich nur das Nötigste geregelt. Richtig aktiv wird der Vorstand erst, wenn Katastrophen verhindert werden müssen, Finanzlöcher unüberschaubar werden usw. Die Chancen zur aktiven Gestaltung des Vereinslebens und seiner Zukunft gehen bei diesem Arbeitsstil gegen Null. In krisenhaften Entwicklungen ergibt sich die Schwierigkeit, dass sich die Vorstandsmitglieder erstmals über grundsätzliche Fragestellungen der Vereinsausrichtung und -steuerung verständigen müssen. Schnelles, krisengemäßes Reagieren ist so nicht möglich.

❖ **Die Interessenvertreter**

Diese Vorstände beschäftigen sich intensiv mit den inhaltlichen Aufgaben und nur wenig mit den Beziehungen untereinander. Sie vertreten unterschiedliche Vereinsgruppierungen und arbeiten eher wie ein Parlament zusammen. Dabei verlieren sie ihre Verantwortung für den gesamten Verein leicht aus den Augen oder messen ihr nur nachrangige Bedeutung bei. Sachdiskussionen werden leicht politisiert und entwickeln sich zu kontroversen oder feindseligen Debatten. Ein solcher Vorstand büßt leicht seine Kreativität ein. Seine Glaubwürdigkeit wird in Frage geraten.

❖ **Die Profis**

Die eher professionell ausgerichteten Vorstände kümmern sich um beide Aspekte des Geschehens: Die inhaltlichen Aufgaben und die zwischenmenschlichen Beziehungen und persönlichen Loyalitäten im Vorstand. Es gibt eine entschiedene Leitung der Sitzung. Das schließt harte Auseinandersetzungen um Sachfragen nicht aus, sie finden jedoch in einem Klima gegenseitigen Verständnisses für die verschiedenen Standpunkte statt, da sich alle gegenseitig respektieren.

Fragen zur Diagnose Ihres Vereins

Was zeichnet das Leben in Ihrem Verein aus? Welche Aktivitäten tragen dazu bei, dass es in Schwung bleibt?

_____

_____

Zeichnen Sie eine Skizze vom Aufbau des Gremiengefüges in Ihrem Verein. Fragen Sie Vorstandskollegen, ob sie es genauso sehen.

Welche Gremien sind Entscheidungs-, Beratungs- oder Kontrollgremien?

_____

_____

Welcher der genannten Arbeitsstile beschreibt die Arbeitsweise Ihres Vorstands besonders treffend?

_____

_____

Für welche Werte tritt Ihr Verein besonders ein?

_____

_____

Kapitel 2:
Der Weg zum Vorstandsmitglied

»Eigentlich ist es ein wenig wie in der Politik, wenn man jemanden im Vorstand haben möchte: Da gibt es doch im Vorfeld gewisse Anfragen und Abmachungen. Und natürlich setzt man sich dann bei den Freunden für den Kandidaten ein, dass die den wählen.« (Vorstandsvorsitzender eines Kulturvereins)

Die Wahl des Vorstands unterscheidet Vereine deutlich von den meisten Wirtschaftsbetrieben: Für die Kandidatur zum Vorstand und für das Wahlrecht der Mitglieder sind formell weder die persönliche Finanzsituation noch die Professionalität von Bedeutung. Entscheidend ist allein die Zugehörigkeit zum Verein. Die Satzung enthält oft noch genauere Bedingungen, die die Kandidaten für ein Vorstandsamt erfüllen sollten. In jedem Fall müssen die Mitglieder die Chance haben, die Kandidaten vor der Wahl kennen zu lernen.

In einer süddeutschen Handwerkskammer wurde die Gültigkeit einer Wahl zur Kammerversammlung angefochten. Seit Jahren wählten die Innungen und Handwerksbetriebe die Kammerversammlung auf Grund von schriftlichen Vorschlägen der Innungen ohne persönliche Versammlung der Mitglieder. Ein Mitglied stellte nun in Frage, ob ein solches Wahlverfahren überhaupt verfassungsgemäß sei: Als einzelnes Mitglied, das keiner Innung angehöre, habe man so kaum Chancen, als Kandidat aufgestellt zu werden und zudem könne man sich keinen persönlichen Eindruck von den Kandidaten verschaffen.

Dieser Streit beschäftigt zurzeit das Bundesverfassungsgericht und wird unter Umständen die Wahlverfahren der Handwerkskammern in Deutschland verändern. Dass sich das Bundesverfassungsgericht mit dieser Frage beschäftigt, zeigt, dass die Freiheit der Wahl und die Chance, dass die Mitglieder die Kandidaten persönlich kennen lernen können, für Vereine und vereinsähnliche Organisationen ein hohes demokratisches Gut sind.

In diesem Kapitel geht es um folgende Punkte:
❖ Die Kandidatenkür.
❖ Anforderungsprofile.
❖ Wahlausschüsse und Quotierungen.

Die Kandidatenkür: Die Auswahl vor der Wahl

Die Kandidatenkür

Wer für den Vorstand kandidieren kann, regelt die Satzung. Tatsächlich aber ist der Weg zur Kandidatur in den meisten Fällen komplizierter als es die Satzung vermuten lässt.

Aktives Mitglied durch persönliche Beziehungen

Zugehörigkeit zu Vereinen, Verbänden, Parteien, Kirchen und Gewerkschaften gewinnt man formell, indem man sich um die Mitgliedschaft bemüht und dann einen Beitrag zahlt. Im wirklichen Vereinsleben aber ist die Frage der Zugehörigkeit dadurch bei weitem nicht geregelt. Aktives Mitglied mit Einfluss auf das Leben im Verein wird man in der Regel erst durch persönliche Beziehungen. Hier zeigt sich die Ähnlichkeit von Vereins- und Familienverhältnissen: Viele Menschen sind Mitglied in einem Verein geworden, weil sie bereits als Kinder der Jugendorganisation angehört haben oder weil sie einen Partner geheiratet haben, der im Vereinsleben aktiv ist oder weil Freunde Mitglied sind.

Anders als in Wirtschaftsunternehmen haben sich die Mitglieder auf Grund von gemeinsamen Werten, ähnlichen Weltbildern oder gemeinsamem gesellschaftspolitischen Engagement freiwillig zusammengefunden. Sie investieren Freizeit und Geld. Solche Verbundenheit kommt durch ganz persönliche Beweggründe zu Stande, die zugleich gesellschaftspolitisch bedeutsam sind. Folgende Aussagen von Vereinsmitgliedern sind typisch:

- ❖ »Ich möchte Einfluss nehmen auf die Gestaltung unserer Gesellschaft. Seit ich sechzehn bin, war ich immer gesellschaftspolitisch engagiert, aber nie parteipolitisch. Parteipolitik ist nicht mein Fall.« (Ein Vorstandsmitglied in einem Verein für politische Bildung)
- ❖ »Ich arbeite gern und freue mich, wenn ich da etwas fertig gestellt habe. Da mache ich auch die Öffentlichkeitsarbeit.« (Eine Führungskraft aus dem Handwerk, die Vorstandsmitglied in einem Karnevalsverein ist)
- ❖ »Es hat auch damit zu tun, dass man stolz ist, anderen zu helfen und für die Allgemeinheit etwas zu tun. Das gibt Bestätigung und Selbstbefriedigung. Ich bin ganz zufällig zur freiwilligen Feuerwehr gekommen: Mein

Vater hat mich das eine oder andere Mal mitgenommen, als ich Jugendlicher war.« (Vorstandsvorsitzender eines Verbandes der freiwilligen Feuerwehr)

❖ »Ich empfinde es als ganz befriedigend, wenn man als Vorstand es schafft, so zu arbeiten, dass am Ende alle zufrieden sind. Das genieße ich sehr.« (Ein Hauptabteilungsleiter aus einem Energieversorgungsunternehmen, Vorstandsmitglied in einem Verein)

❖ »Für mich ist das die optimale Überleitung aus meinem sehr aktiven Berufsleben als Politikerin zu mehr Ruhestand: Noch Verantwortung haben, aber nicht mehr so viel wie früher. Meine Erfahrungen aus meinem Berufsleben weitergeben und nutzen zu können, das finde ich befriedigend. Da ich meine Karriere hinter mir habe, bin ich ganz frei und unabhängig. Wenn ich etwas anzettele, was den anderen nicht gefällt, brauchen die mich ja nicht wieder zu wählen. Das ist eine große Freiheit. Das macht mich auch risikofreudig. Durch die Vorstandsarbeit habe ich so viele nette Menschen kennen gelernt. Ich habe Begegnungen mit Menschen, die ich sonst nicht getroffen hätte.« (Ministerin a.D., Bundesvorsitzende eines Freien Wohlfahrtsverbandes)

❖ »Ich bin da als Kind schon hineingewachsen. Meine Eltern gehörten schon dazu.« (Landesvorstand eines Freien Wohlfahrtsverbandes)

❖ »Ich bin neu hier zugezogen und nun suche ich Kontakt.« (Mitglied eines Tennisclubs)

Zugehörigkeit zu Freundeskreisen und Fraktionen sind für die Wahl wichtig

Aktive Beteiligung am Vereinsleben, Zugehörigkeit zu Freundeskreisen, zu Fraktionen oder Cliquen schaffen für alle Beteiligten die entscheidenden Voraussetzungen dafür, ob jemand Chancen hat, in den Vorstand gewählt zu werden oder nicht: Die Kandidaten haben durch solche Zugehörigkeiten die Gewissheit, dass sie in machtpolitisch brisanten Situationen für ihre Arbeit im Vorstand verlässliche Rückendeckung bekommen. Die Mitglieder erhalten so die Sicherheit, dass die vorgeschlagenen Kandidaten zum Verein passen und seine ungeschriebenen Gesetze kennen.

Mitglieder haben häufig nur ein intuitives Verständnis der spezifischen Grundwerte ihres Vereins. Außenstehenden können sie Einstellungen und Verhaltensstandards, für die der Verein steht, meist nur sehr global und lückenhaft darstellen. Wie aber Familien ein entschiedenes Gefühl dafür haben, wer zu ihnen gehört und wer nicht, so gibt es auch in Vereinen ein relativ verlässliches, kollektives Gefühl dafür, wer passt und wer stört.

Persönliche Autorität und gesellschaftliche Stellung

Um in einer Dorfgemeinschaft wichtige Positionen besetzen zu können, sind persönliche Autorität und gesellschaftliche Stellung entscheidend. Das

Gleiche gilt für Vereine. Personen mit großem persönlichen Ansehen und entsprechendem Einfluss innerhalb und außerhalb des Vereins haben meist die besten Aussichten, als Kandidaten gewählt zu werden.

In den meisten Vereinen wird man gebeten, sich zur Wahl zu stellen. Die Auswahl geht selten nach Gesichtspunkten der fachlichen Kompetenz, sondern eher danach, ob jemand »passt«. So wie Menschen einen Verein, eine Glaubensgemeinschaft oder eine Partei meist nicht auf Grund eines vergleichenden Studiums von Programmen wählen, sondern nach subjektiven Motiven oder auf Grund von persönlichen Beziehungen, so werden auch Gremienmitglieder nicht in erster Linie nach rationalen Gesichtspunkten gewählt.

Ausgewählt werden meist diejenigen, die »passen«

Für Vorstände, die hauptamtlich tätig sind, gibt es in der Regel formalisiertere Bewerbungsverfahren, wie sie für alle hauptamtlichen Positionen üblich sind: Ausschreibung, schriftliche Bewerbung, Bewerbungsgespräch.

Wenn Wahlen für einen ehrenamtlich zu besetzenden Vorstand oder für Beiräte und Ausschüsse anstehen, geht die große Suche unter den Mitgliedern oder im Freundes- und Kollegenkreis aller Beteiligten los. Ist ein Kandidat noch kein Mitglied, kann er es kurzfristig werden. Meistens gibt es eher zu wenige als zu viele Bewerber. Außenstehende haben meist schlechte Chancen.

Konkurrierende Kandidaturen bei Vorstandswahlen kommen in etablierten Vereinen in der Regel eher selten vor, wenn man mal von Krisenzeiten absieht. Auch in sehr jungen Vereinen, in denen es noch keine stabilen Machtverhältnisse gibt, gibt es von Zeit zu Zeit mehrere Kandidaten für die Wahl.

In Vereinigungen, die von großem öffentlichen Interesse sind, ist die Vorauswahl begleitet von Machtkämpfen und Gerangel hinter den Kulissen. Die Auswahl wird zum Gegenstand öffentlicher Diskussionen und Berichterstattung. Die Presseveröffentlichungen begleiten die Entscheidungen im Vorfeld von solchen Vorstandswahlen detailliert und verschärfen bisweilen die Situation auf diese Weise erheblich. Das gilt vor allem für Parteien und Gewerkschaften, zum Teil aber auch für Bundes- oder Dachverbände gesellschaftspolitisch relevanter Vereinigungen wie zum Beispiel die Arbeitgeberverbände oder die großen Kirchen.

Die Suche im Freundes- und Bekanntenkreis nach möglichen Kandidaten schränkt den Kreis der Bewerber bereits im ersten Gang unverhältnismäßig ein. Viele würden vielleicht ein Amt übernehmen, wenn sie nur jemand fragen würde. Die Suche über interne Ausschreibungen oder Mitteilungen im vereinseigenen Informationsblatt, ist ein selten beschrittener, aber in der Regel ertragreicherer Weg. Dabei sollte ein formelles Bewerbungsverfahren für diejenigen, die nicht allen Mitgliedern seit langem bekannt sind, eingeplant sein. Dieses Vorgehen hat schon viele neue Talente zu Tage befördert. Es hat zudem den nicht zu unterschätzenden Vorteil, dass der zukünftige Vorstand an Ansehen und Glaubwürdigkeit gewinnt.

> **Zur genaueren Verständigung über Erwartungen und Wünsche an zukünftige Kandidaten ist es sinnvoll, dass diejenigen, die auf die Suche nach Interessenten gehen, sich vorher mit erfahrenen Vorstandsmitgliedern verständigt haben, welche Anforderungen dafür jeweils erfüllt werden sollten.**

Erwartungen an die Kandidaten

Bei einem personellen Wechsel im Vorstand stellt sich die Frage, welche Erwartungen man an die Kandidaten hat: Welches Fachwissen und welcher Erfahrungshintergrund ist für die Arbeit von Vorteil? Sollen die Kandidaten in Politik und Wirtschaft einflussreich sein? Ist jemand in seiner eigenen Gruppierung ein verlässlicher Anker? Sollen sie spezielles Fachwissen mitbringen? Sollen sie lediglich passen und »nicht stören«? Sollen sie Leitungserfahrung, soziale Kompetenz und integrative Fähigkeiten mitbringen? Soll jemand eher die Interessen einer bestimmten Gruppierung vertreten? Soll er sein Amt im Sinne einer Kontrollfunktion verstehen, im Sinne verlässlicher Erledigung von Aufgaben oder gar aktiver Zukunftsplanung?

Es muss nicht jedes Vorstandsmitglied alles können. Der Vorteil eines Leitungsgremiums liegt ja gerade darin, dass die Mitglieder unterschiedliche Fähigkeiten und Neigungen mitbringen. Ein gutes Gremium setzt sich aus Menschen zusammen mit verschiedenen Temperamenten, unterschiedlichem Erfahrungshintergrund und verschiedenartigen Fähigkeiten.

Die Vorstellung der Kandidaten

In einem Landesdachverband für Musikervereinigungen soll ganz regulär ein Nachfolger für den Vizepräsidenten gewählt werden. Für die Wahl wurde in der Tagesordnung eine halbe Stunde angesetzt. Der designierte Vizepräsident war zuvor nie in dem Verband aktiv tätig gewesen. Um gewählt werden zu können, hatte er kurz zuvor die Mitgliedschaft erworben. Die Führungskräfte aus Kreisverbänden und Einrichtungen waren verärgert: Außer der halben Stunde in der Delegiertenversammlung gab es keine Gelegenheit, den neuen Vizepräsidenten kennen zu lernen. Ernsthaft protestieren mochte aber niemand. Der latente Konflikt war noch lange in der Zusammenarbeit spürbar.

In vielen Vorständen sitzen aus freundschaftlicher Verbundenheit Mitglieder, die kaum eine Vorstellung davon haben, worin ihre Aufgaben bestehen. So manches Vorstandsmitglied ist zudem in sein Amt gewählt worden, ohne dass Führungskräfte in nachgeordneten Kreis- und Ortsverbänden oder Einrichtungen jemals auch nur seinen Namen gehört hätten.

Vor jeder Wahl gibt es – zumindest informell – Diskussionen über die Kandidaten. Häufig wäre nur wenig Aufwand erforderlich, für diese informellen Diskussionen einen formellen Rahmen zu schaffen. Das würde Konfliktstoff reduzieren und den jeweiligen Vorstandsmitgliedern einen besseren Start für die Arbeit verschaffen. Die formellen Wege im Vorfeld von Vorstandswahlen lassen viel Platz für jede Form von Veranstaltungen.

Diskussionen über die Kandidaten

Es gibt ganz verschiedene Wege, wie ein Verein dafür sorgen kann, dass die Mitgliederversammlung die Kandidaten gut genug kennen lernt, um eine angemessene Wahl treffen zu können: Mit der Einladung zur Wahl kann eine schriftliche Vorstellung verschickt werden oder ein Interviewtext. Meistens stellen sich Kandidaten direkt vor der Wahl persönlich vor oder es gibt – ähnlich wie im politischen Wahlkampf – spezielle Wahlveranstaltungen.

In der Nordelbischen Kirche wird vor jeder Wahl eines Propstes oder Bischofs eine Findungskommission eingesetzt, die die Aufgabe hat, Kandidaten vorzuschlagen. Die vorgeschlagenen Kandidaten reisen vor der Wahl durch die Gemeinden und Einrichtungen des jeweiligen Kirchenkreises, um ihre Vorstellungen mit ehrenamtlichen Gemeindevertretern und hauptamtlichen Führungskräften zu diskutieren. Anschließend gibt es eine Wahlsynode. Die Synode ist das Kirchenkreisparlament. Für die Wahl eines Propstes wird eine Sondersitzung veranstaltet, auf der jeder Kandidat einen Vortrag hält.

Anforderungsprofile

Stille Aufträge an die Kandidaten

Für ein Amt angefragt zu werden, empfinden die meisten Menschen als Ehre, zumindest aber als schmeichelhaft. Jenseits aller persönlichen Anerkennung haben Einladungen und Anfragen für eine Kandidatur immer verschiedene Gründe, die es sich lohnt, genauer zu bedenken.

In der Regel wird vor der Besetzung eines Postens nur sehr allgemein über die Erwartungen gesprochen. Diejenigen, die schließlich gewählt werden, werden häufig im Unklaren darüber gelassen, welche Erwartungen und stillen Hoffnungen an sie gestellt werden und welcher Zeitaufwand dafür nötig ist. Als Kandidat oder Kandidatin ist es wichtig, sich ein eigenes Bild von der Arbeit zu verschaffen. Zur Information von Kandidaten und neuen Vorstandsmitgliedern sollten folgende Informationen verfügbar sein:

- ❖ Vereinszweck, Mission und Vereinsphilosophie.
- ❖ Aufbau des Vereins und seiner Gremien.
- ❖ Die Satzung.
- ❖ Personalstruktur, haupt- bzw. ehrenamtlich.
- ❖ Vereinsgeschichte und Entwicklungsphasen.
- ❖ Grunddaten über die Mitgliederstruktur und Entwicklung.
- ❖ Die Finanzstruktur (Zusammensetzung der Finanzmittel, Geldgeber).
- ❖ Angebote, Dienstleistungen, Kampagnen aus der letzten Wahlperiode.
- ❖ Die Struktur des Umfelds (welche Mitbewerber, in welchen Tätigkeitsfeldern oder Märkten).

Frauen im Vorstand

Wenn Frauen sich für ein Vorstandsamt interessieren, sollten sie Folgendes in Betracht ziehen: Frauen sind in den meisten Vorständen auch heute noch in der Minderheit. Das zeigte gerade wieder eine Studie der Universität Osnabrück (Wopp 2001). Das gilt sowohl für Vereinigungen, in denen die Mehrheit der Mitglieder Männer sind, wie zum Beispiel in Sportvereinen, Arbeitgeberverbänden, Gewerkschaften oder Parteien, als auch für Vereinigungen, in denen überwiegend Frauen Mitglieder sind, wie beispielsweise in kirchlichen Vereinigungen, soziokulturellen Zentren oder Bürgerinitiativen. Der Vorstandsvorsitz ist generell eine wahrhaft männliche Domäne: Ungefähr 95 Prozent der Vorstandsvorsitzenden sind Männer, so die Vereinsforschung (Zimmer 1996).

Frauen sind meist in der Minderheit

Frauen und Männer unterscheiden sich generell in ihrer Art, Prioritäten zu setzen, mit Geld umzugehen und in ihrer Art zu denken oder Probleme anzugehen. Männer betrachten das Vereinsgeschehen eher im Hinblick auf die Machtverhältnisse, auf Status- und Revierfragen, während Frauen im Vereinsleben eher den Blick auf die persönlichen Beziehungen unter den Mitgliedern oder auf sachliche Notwendigkeiten richten. Forschungsergebnisse haben zudem gezeigt, dass in Gruppendiskussionen Argumente von Frauen häufiger übergangen werden als die Beiträge von Männern. (Trömel-Plötz 1984)

Den Frauenanteil erhöhen

Die Ergebnisse der Vereinsforschung zeigen auch folgendes Phänomen: Es »würde den meisten Vereinen gut tun, den Frauenanteil ihrer Leitungsebene zu erhöhen. Wie in einer Studie über das Vereinsleben am Beispiel der Stadt Kassel festgestellt wurde, steigen die Chancen, zentrale Probleme wie ›fehlende Mittel‹ oder ›mangelndes Engagement der Mitglieder‹ in den Griff zu bekommen mit der Präsenz von Frauen auf Vorstandsebene. Während ein Drittel der reinen Männervorstände sich in Kassel außer Stande sah, für die notwendigen finanziellen Mittel zu sorgen, traf dies nur für zwei Prozent der Vereine zu, deren Vorstand überwiegend mit Frauen besetzt war.« (Zimmer 1996, S. 109)

Die unterschiedlichen Sichtweisen von Frauen und Männern schaffen bei vielen Kleinigkeiten in der Vorstandsarbeit Differenzen in der Argumentation. (Trömel-Plötz 1984) Wie jede Minderheit schweben Frauen in einer solchen Situation in der Gefahr, tendenziell eher an sich selbst zu zweifeln, anstatt ihren Sichtweisen auch dann Gehör zu verschaffen, wenn es so scheint, als sei die Mehrheit der Vorstandsmitglieder bereits einer anderen Meinung.

Erarbeitung eines Anforderungsprofils

Genaue Aufgabenbeschreibung

Voraussetzung für ein Anforderungsprofil ist eine genaue Aufgabenbeschreibung. Die meisten Vorstände delegieren zu viel von der Vorarbeit an einzelne Vorstandsmitglieder oder an hauptamtliche Mitarbeiter, wenn Aufgabenbeschreibungen und Anforderungsprofile erarbeitet werden sollen: Der wichtigste Teil der Arbeit besteht im Einigungs- und Konkretisierungsprozess unter den Vorstandsmitgliedern. Ohne ein Mindestmaß an Verständigung aller Beteiligten geraten Aufgabenbeschreibungen leicht zu einer Ansammlung von Allgemeinplätzen.

> *Das Wichtige* an Aufgabenbeschreibungen und Anforderungsprofilen ist nicht das Papier, das erstellt wird, sondern *ist der Klärungsprozess selbst!*
> Alle Beteiligten entwickeln dadurch ein gemeinsames, inneres Bild, das die Suche und Auswahl erleichtert.

Der Klärungsprozess zur Erstellung eines Anforderungsprofils hat drei Phasen, die sich so strukturieren lassen, dass die Arbeit in relativ überschaubarer Zeit innerhalb von drei Sitzungen neben anderen Punkten zu bewältigen ist.

Phase 1: Erarbeiten der Aufgabenbeschreibung

Dauer: Ungefähr zwei Stunden.

1. Schritt: Auflistung der Aufgaben, die zum Tätigkeitsbereich des zukünftigen Vorstandsmitgliedes gehören sollen (am besten mit Moderationskarten).

2. Schritt: Die Aufgaben gemeinsam nach Wichtigkeit ordnen.

Phase 2: Erarbeiten des Anforderungsprofils

Dauer: Ungefähr eine Stunde. (Am besten in der folgenden Sitzung.)

1. Schritt: Auflistung der Fähigkeiten und Fertigkeiten, die das Mitglied haben soll (wiederum mit Moderationskarten).

2. Schritt: Fähigkeiten und Fertigkeiten nach Wichtigkeit ordnen. Jedes Vorstandsmitglied kann drei Punkte verteilen.

3. Schritt: Festlegen, welche Fähigkeiten und Fertigkeiten verzichtbar sind. (Auf einige der wünschenswerten Fähigkeiten wird man immer verzichten müssen.)

4. Schritt: Bestimmen, für welches Schwerpunktthema der Kandidat sich in der Vorstandsarbeit verstärkt verantwortlich fühlen soll. Wie kann er sich eventuell dafür qualifizieren?

Phase 3: Planen des Bewerbungsverfahrens

Dauer: Ungefähr zwei Stunden. (In der folgenden Sitzung durchführen.)

1. Schritt: Diskussion der Fragen Wie können wir herausfinden, ob jemand die von uns für unverzichtbar gehaltenen Fähigkeiten hat? Wie können wir Menschen gewinnen, die diese Fähigkeiten haben?

2. Schritt: Festlegen mehrerer Stationen der Werbung und Vorinformation von Interessenten durch Mitglieder des zurzeit tätigen Vorstands. Wie sollte eine interne Ausschreibung aussehen? Wie soll sie veröffentlicht werden?

3. Schritt: Vorgehensweise der Bewerbung im Einzelnen festlegen. Dazu gehört auch das zeitliche Planen der Wahlveranstaltung.

Die angegebenen Zeiteinheiten sind Mindestschätzungen. Sie setzen voraus, dass diese Teile der Sitzungen von einem Vorstandsmitglied geleitet werden, der oder die das Handwerkszeug der Moderation beherrscht. Das ist sinnvollerweise nicht unbedingt die Person, die formell den Vorsitz hat. Für diese Aufgabe kann auch ein externer Moderationsexperte engagiert werden.

Eine solche Entwicklung eines Anforderungsprofils hat den Vorteil, dass alle Beteiligten die Zwischenergebnisse in Ruhe überdenken und bei der nächsten Sitzung ergänzen oder korrigieren können. Auf diese Weise gewinnt der Einigungsprozess an Tiefe und Verlässlichkeit.

Wahlausschüsse und Quotierungen

Wahlausschüsse und Findungskommissionen

Um dem Dilemma zu entgehen, familienähnliche Auswahlverfahren zu benutzen, die auf persönliche Beziehungen gründen, gibt es in vielen größeren Vereinigungen formalisierte Verfahren zur Vorauswahl von Kandidaten. Das wichtigste Instrument sind Wahlausschüsse oder Findungskommissionen.

Formalisierte Verfahren zur Kandidatenvoraus-wahl

Wahlausschüsse sollen meist nur darauf achten, dass die satzungsgemäßen Regularien korrekt eingehalten werden. In manchen Vereinen erhalten sie zudem die Aufgabe, Mitglieder für eine Kandidatur zu gewinnen. Manchmal werden für diese zweite Aufgabe Findungskommissionen eingesetzt. Das geschieht eher für hauptamtliche Wahlämter als für ehrenamtliche Kandidaten.

Ganz gleich, ob das Einsetzen von Wahlausschüssen und Findungskommissionen satzungsgemäß geregelt ist oder nicht: Die Suche nach Vorstands- und Gremienmitgliedern in größeren Vereinen, ihre Vorbereitung auf die Kandidatur und ihre Art, sich dem Verein bekannt zu machen, sollten längerfristig geplant werden. Das Gewinnen und Fördern von ehrenamtlichen Führungskräften ist ein bisher unbearbeitetes Feld der Personalentwicklung, das viel Fingerspitzengefühl und enge Zusammenarbeit mit dem Vorstand erfordert. In Vereinen, die keine hauptamtlichen Mitarbeiter dafür haben, sollte ein Vorstandsmitglied speziell für ehrenamtliche Mitarbeiter Ansprechpartner sein. Seine Aufgaben in diesem Bereich könnten so aussehen:

❖ Er startet einmal im Jahr eine Aktion, um Mitglieder zu aktiver Mitarbeit in Projekten zu gewinnen.

❖ Er sorgt dafür, dass die Mitglieder, die zu ehrenamtlicher Arbeit bereit sind, ihren Neigungen und Fähigkeiten entsprechend eingesetzt werden.

❖ Er ermöglicht, dass die Ehrenamtlichen je nach Tätigkeitsfeld im Verein die nötige Fortbildung, fachliche Beratung oder Supervision bekommen.

❖ Er kümmert sich um ein konkretes Anforderungsprofil.

❖ Etwa ein Jahr vor der nächsten Vorstandswahl sorgt das zuständige Vorstandsmitglied dafür, dass überlegt wird, wer wieder für den Vorstand kandidieren wird und für wen eine Nachfolge gefunden werden muss.

❖ Die Kandidaten bekommen die Möglichkeit, sich in nicht zu großem Abstand zur Wahl den Mitgliedern vorzustellen.
❖ Zur gleichen Zeit erscheint ein Artikel in der Vereinszeitung.

Quotierungen

In manchen Vereinigungen sind Quotierungsfragen entscheidend dafür, ob man als Kandidatin oder Kandidat zur Wahl vorgeschlagen wird: Viele Vereine haben inzwischen eine Quote für das Verhältnis von Männern und Frauen in ihrer Satzung stehen. Einige Landes- und Bundesverbände haben Quotierungen für die Nationalität zur Sicherung der Rechte von Migranten oder Ost-West-Quotierungen zur Sicherung von Mandaten für Vertreter der Neuen Bundesländer. Solche Quotierungen sind in der Satzung verankert oder der Geschäftsordnung zu entnehmen.

Manche Vereine haben Quotierungen für interne Fraktionen zur Vermeidung von Flügelkämpfen. Solche Proporzkonzepte sind der Satzung meist nicht zu entnehmen. Es sind ungeschriebene Gesetze. Viele Verbände und Parteien haben die Regel in ihrer Satzung verankert, dass die eigenen Arbeitnehmerinnen und Arbeitnehmer von der Kandidatur für Vorstand und Beiräte oder sogar von der Mitgliedschaft ausgeschlossen sind.

Heinrich Böll Stiftung e.V.: *Für die Organe, Gremien und hauptamtlichen Mitarbeiterinnen und Mitarbeiter der Stiftung gilt eine Quotierung von mindestens 50 Prozent für Frauen auf allen Arbeitsebenen sowie zehn Prozent für Migranten. Jedem Fachbeirat hat zumindest eine Migrantin oder ein Migrant anzugehören. (…) Ein Beschluss der Mitgliederversammlung, der gegen die Mehrheit der anwesenden Frauen gefasst worden ist, ist bis zur nächsten Mitgliederversammlung auszusetzen. (…) (aufschiebendes Veto) (…) Arbeitnehmerinnen des Vereins, von Landesstiftungen oder Personen, die in einem arbeitnehmerähnlichen Verhältnis zum Verein stehen, können nicht Mitglied des Vereins oder seiner Organe sein. (…) Die Mitglieder des Vorstands werden für die Dauer von drei Jahren gewählt.*

Landesverband Bündnis 90/Die Grünen/Grün-Alternative-Liste: *Sitze in den Organen der Partei sind mindestens zur Hälfte mit Frauen zu besetzen. Wahllisten sind mit Frauen und Männern zu besetzen, wobei den Frauen die ungeraden Plätze zur Verfügung stehen (Mindestparität).*
Mitglied des Landesvorstands kann nicht werden, wer in einem finanziellen Abhängigkeitsverhältnis zur Partei steht. Sprecher bzw. Sprecherin des Landesvorstandes kann nicht sein, wer
❖ *Mitglied eines gesetzgebenden Organs ist,*
❖ *ein Regierungsamt inne hat oder*
❖ *Mitglied eines Vorstandes einer anderen Parteigliederung ist.*

PRO FAMILIA e.V. Bundesverband: *Wer bei PRO FAMILIA in einer Landes- oder Bundesgeschäftsstelle abhängig beschäftigt ist, kann nicht in den Bundesvorstand gewählt werden. Mindestens 50 Prozent der Mitglieder des Bundesvorstands sollen Frauen sein.*

ver.di – Vereinigte Dienstleistungsgewerkschaft e.V.: Frauen müssen in allen Organen, Beschlussgremien und bei Delegiertenwahlen mindestens entsprechend ihrem Anteil an der jeweils repräsentierten Mitgliedschaft vertreten sein. (…) Vertreter/innen der Jugend müssen in den ehrenamtlichen Organen und Beschlussgremien grundsätzlich entsprechend ihrem jeweiligen Anteil, mindestens jedoch mit zwei Mandaten vertreten sein. Senior/innen müssen in ehrenamtlichen Vorständen und in Konferenzen mindestens mit einem Mandat vertreten sein.

Jenseits aller satzungsgemäßen Quotierungen sollte die Zusammensetzung des Vorstands die wesentlichen Strömungen bzw. Fraktionen innerhalb des Vereins abbilden. Für die Arbeitsfähigkeit des Vorstands ist seine integrative Kraft wichtig. Dementsprechend sollten möglichst aufgeschlossene Vertreter der verschiedenen Richtungen innerhalb der Mitgliedschaft in den Vorstand gewählt werden und nicht gerade die tendenziell eher polarisierenden Protagonisten einzelner Fraktionen.

Fragen, die Kandidaten sich beantworten sollten

Welche Erwartungen und Hoffnungen haben diejenigen, die mich bitten, dieses Amt zu übernehmen?

_____

_____

_____

Was könnte mein Schwerpunktthema in der Vorstandsarbeit sein?

_____

_____

_____

Wie viel Zeit kann ich investieren? Wie viel ist für die Arbeit nötig? Wie lange will ich das Amt höchstens übernehmen?

_____

_____

_____

Gibt es unter den Vorstandsmitgliedern Bündnispartner und Unterstützer, die sich mit dafür einsetzen, dass meine Standpunkte und Meinungen genügend zur Kenntnis genommen werden?

_____

_____

_____

Welche besonderen Interessen, Fähigkeiten oder Stärken bringe ich mit?

_____

_____

_____

_____

Kapitel 3:
Zusammenarbeit im Vorstand:
ein Balanceakt

»…und wie wir unsere Sitzungen machen: das entspricht natürlich auch nicht meinen professio-nellen Standards! Aber ich hab mir nun einmal vorgenommen, mein Ehrenamt nicht zu meinem Hauptberuf zu machen …« (Eine Aufsichtsratsfrau)

In der Art und Weise, wie Vorstände ihre Aufgaben wahrnehmen, spiegeln sich ihre Lebens- und Berufserfahrung, ihre Fähigkeit zur Zusammenarbeit, ihre persönlichen Interessen, ihre gesellschaftspolitische Fantasie, ihre Ideen vom Vereinsleben, ihre Kreativität, ihr Engagement. Sie können mit der Art ihrer Arbeit das Vereinsleben und dessen Erscheinungsbild nach außen entscheidend beeinflussen.

Wenn das Präsidium tagt, hat sich die Sekretärin einen Tag lang die Hacken abgelaufen: Brötchen bestellt, Kaffee gekocht, Kekse besorgt, den Sitzungsraum hergerichtet, den Tisch gedeckt, Absagen entgegengenommen und Verspätungen einzelner Mitglieder notiert. Alles, wie der Vorsitzende es wünscht. Am Nachmittag vor der Sitzung finden viele Besprechungen »unter vier Augen« statt. An solchen Tagen herrscht allgemeine Aufregung in der Geschäftsstelle. – Erst am Tag nach der Sitzung ist wieder Zeit für das laufende Geschäft. Der normale Arbeitsalltag nimmt seinen Lauf bis zur nächsten Vorstandssitzung.

Ein anderer Verein, ein anderer Vorstand: Die Mitglieder trudeln im Laufe einer halben Stunde nach Sitzungsbeginn nacheinander ein. Sie begrüßen sich herzlich, umarmen sich, reden lebhaft über Neuigkeiten aus ihrem Leben. Schließlich nehmen sie Platz. Die Sitzung scheint zu beginnen. Einige Mitglieder fehlen. Ob sie noch kommen, weiß niemand. Eine Sekretärin gibt es nicht. Für die Vorbereitung der Sitzungen ist jedes Mal jemand anderes zuständig. Wer die Sitzung leitet, ist nicht genau erkennbar. Alle wissen, dass es ein langer Abend wird: Wahrscheinlich wird man erst lange nach Mitternacht zu Hause sein.

Vereine entsprechen häufig mittelständischen Unternehmen

Im Alltagsleben setzt die Zeit, die ehrenamtliche Vorstandsmitglieder in die Arbeit investieren können, der Vorstandstätigkeit häufig enge Grenzen. Sie sind Teil eines Feierabendgremiums. Gleichzeitig haben sie dabei vielfach die Verantwortung für eine Organisation, die vom Finanzvolumen und der Anzahl ihrer hauptamtlichen Mitarbeiter mittelständischen Unternehmen ähnlich ist.

In diesem Kapitel geht es um:
* ❖ Ziele der Vorstandsarbeit,
* ❖ Die Vorstandssitzungen,
* ❖ Die Verteilung der Arbeit,
* ❖ Analyse der Arbeitsfähigkeit im Vorstand.

Ziele der Vorstandsarbeit

Ausformulierte Ziele konkretisieren gemeinsame Träume und Zukunftsprogramme. Sie sind ein wichtiges Führungsinstrument, da sie Vorstand, Mitgliedern und Mitarbeitern eine konkrete Richtung für ihr tägliches Geschäft geben.

Der Kunstverein aus einer mittelgroßen Stadt in Nordrhein-Westfalen hat sich die Aufgabe vorgenommen, »die Kunst zu fördern«. So steht es in seiner Satzung. Seit über hundert Jahren beschreiben Kunstvereine so oder so ähnlich ihre Aufgaben.

Für die Konkretisierung dieses allgemeinen Vorhabens in der nächsten Zukunft haben die zwölf Vorstandsmitglieder ganz unterschiedliche Vorstellungen: Einige träumen von publikumswirksamen Ausstellungen, mit denen sie dem städtischen Kunstmuseum Konkurrenz machen wollen. Andere wollen Künstlern aus der Region einen Ausstellungsraum bieten, die vom städtischen Kunstmuseum auf Grund ihres avantgardistischen Kunstverständnisses nicht zu Ausstellungen eingeladen werden. Wiederum andere Vorstandsmitglieder träumen davon, international bekannte Künstler der Avantgarde einzuladen. Der Schatzmeister im Vorstand möchte, dass der Etat nicht überzogen wird und ein Teil des Defizits aus den letzten Jahren abgebaut wird.

Man wird nicht alle Vorstellungen gleichermaßen verwirklichen können, will man nicht einfach als ein Verein dastehen, der mal dies und mal das macht. In den letzten Jahren hat der Kunstverein zunehmend Mitglieder verloren, weil diese mit dem Programm unzufrieden waren. Zudem hat das Kulturamt entsprechend der abnehmenden Mitgliederzahl die öffentlichen Gelder gekürzt. In einer solchen Situation stellt sich die Frage nach den gemeinsamen Zielen des Vorstands und nach ihrer Priorisierung mit besonderer Schärfe.

Vorhaben, Ziele, Maßnahmen

Jeder Vorstand hat Ziele für seine Arbeit. Meistens aber erscheinen Vorstandsmitgliedern die Ziele der gemeinsamen Arbeit so selbstverständlich, dass sie sie kaum miteinander diskutieren. So kommt es, dass selbst die Vorstandsmitglieder sich häufig nicht einig sind. Solange nicht darüber gesprochen wird, kann leicht ein trügerischer Eindruck von Einigkeit entstehen. Es kommt zu Kontroversen, die mit sorgsam konkretisierten Zielsetzungen hätten vermieden werden können.

Zu ungenaue Ziele führen dazu, dass kleine Erfolge oder Teilerfolge kaum vereinsöffentlich zur Kenntnis genommen werden können. Gerade sie sind aber eine wichtige Quelle für das kollektive Selbstbewusstsein von Vereinsmitgliedern und Vorständen. Ungenaue Ziele führen meist unbemerkt im Vorstand und im Kreis der Mitglieder zu Gefühlen von diffuser Erfolglosigkeit oder Nutzlosigkeit der Arbeit. Erfolge in der Arbeit sind auch für Vorstände eine wichtige Grundlage für die gemeinsame Arbeitsfähigkeit als Gruppe.

Es ist nicht so einfach, konkrete Ziele gemeinsam festzulegen. Den meisten Vorstandsmitgliedern fällt es leichter, sich auf allgemein gehaltene Vorhaben oder einzelne Maßnahmen zu einigen. Das zeigt das oben beschriebene Beispiel des Kunstvereins: In dem globalen Vorhaben, die moderne Kunst zu fördern, sind sich alle einig. Damit ist aber nur eine generelle Zielrichtung vorgegeben.

> **Vorhaben sind generelle Zielrichtungen. Sie sind wie das Reiseziel: wir fahren in die Tropen. Als konkretes Ziel für die Vorstandsarbeit reichen sie nicht aus.**

Um die Ziele einzugrenzen, könnte der Vorstand dieses Kunstvereins eine Debatte führen, welche Künstler in den nächsten zwei Jahren zu Ausstellungen eingeladen werden sollen. Damit würde er zur Konkretisierung der allgemeinen Zielrichtung auf einzelne Maßnahmen zurückgreifen. Das wird häufig so gemacht, hat aber gravierende Nachteile: Wird in dem Kunstverein die Debatte um einzelne Künstler nur mit dem Ziel geführt, schnell einen Aktionsplan zu beschließen, würde vermutlich eine Art Potpourri als Programm zu Stande kommen, in dem einmal die eine Fraktion im Vorstand zu ihrem Recht kommt und dann wieder die andere. Eine gemeinsame Zielrichtung wäre für Außenstehende kaum zu erkennen.

Das Programm würde notgedrungen relativ beliebig wirken. Entscheidende Fragen blieben bei einem solchen Vorgehen offen: Mit welchem Gesicht will der Kunstverein in der Öffentlichkeit sichtbar werden? Welchen Einfluss will er auf die Kunstszene seiner Stadt nehmen? Für welche Art der Kunst will er stehen? Seine konkreten Ziele für die nächste Zukunft würden unklar bleiben und damit auch der Maßstab, an dem seine Arbeit auch von Außenstehenden beurteilt werden könnte.

Mit einem solchen Vorgehen, das sich ausschließlich an konkreten Aktivitäten orientiert, würde besagter Kunstverein zwar den Vorteil haben, dass sich die Vorstandsmitglieder darin einig wären, was sie tun wollen. Ob sie sich aber auch darin einig sind, was sie damit in der Öffentlichkeit bewirken wollen, bleibt offen. Das zu wissen, wäre aber nötig, um entscheiden zu können, welche Maßnahmen angesichts der knappen finanziellen und personellen Ressourcen Priorität haben sollen. Der Vorstand hätte mit einer so relativ oberflächlichen, an Maßnahmen orientierten Einigung die Chance verschenkt, sich mit einem profilierten Programm in der Kunstöffentlichkeit einen eigenen Platz zu erringen und so Einfluss auf die öffentliche Meinung zu gewinnen.

Ziele sollen »smart« sein:

- ❖ **s**pezifisch
- ❖ **m**essbar
- ❖ **a**kzeptabel
- ❖ **r**ealistisch
- ❖ **t**erminiert

Ziele stellen ein Verbindungsglied zwischen allgemeinen Vorhaben und konkreten Maßnahmen dar. Sie sind so wichtig, weil sie den Sinn von konkreten Aktivitäten beschreiben. Verzichtet ein Vorstand darauf, den Sinn von Programmen und Aktionsplänen in Form von Zielen ganz genau zu definieren, gerät er in die Gefahr, in einen blinden Aktionismus zu geraten. Damit wird es selbst für die Mitglieder, die die Vorstandsarbeit nachhaltig unterstützen möchten, schwer, den Sinn der Vorstandsaktivitäten zu erkennen, denn sie erleben nur die Ergebnisse. Exakte Ziele stellen sicher, dass der Sinnzusammenhang, in dem die einzelnen Aktivitäten des Vorstands stehen, auch für weite Kreise der Mitgliedschaft deutlich erkennbar bleibt.

Ziele sorgen für den Sinnzusammenhang

Der zitierte Kunstverein ist zur Klärung und Konkretisierung seiner Ziele für die nächsten drei Jahre folgenden Weg gegangen: Es wurde zunächst diskutiert, welche Institutionen sich in der Stadt im gleichen Bereich engagieren und damit zum Kunstverein in Konkurrenz stehen, nämlich die städtische Kunsthalle und eine Reihe von Galerien. Dabei listeten die Vorstandsmitglieder auf, welche Ziele Kunsthalle und Galerien mit ihren Ausstellungsprogrammen verfolgten. Sie fragten sich anschließend, wie sie selbst in diesem Feld einen eigenständigen, profilierten Platz einnehmen könnten, der ihrem generellen Vorhaben dient. In kleinen Gruppen arbeiteten sie ihre Ideen aus. Dabei halfen große Plakate, die in vier Felder unterteilt waren.

Wer arbeitet im gleichen Bereich?	Welche unserer Ziele haben wir bisher im Vergleich zu den anderen besonders gut erreicht?
Welche Ziele haben wir mit unserer bisherigen Arbeit nicht erreicht?	Was soll unser nächstes Ziel sein? Wer wird dafür persönlich verantwortlich sein?

Schließlich beschlossen sie als konkretes Ziel für die nächsten drei Jahre Folgendes: Sie wollen in den nächsten drei Jahren in erster Linie zeitgenössische Künstler aus Nordrhein-Westfalen, die für ein ungewöhnliches Kunstverständnis stehen, bekannt machen. Dabei sollen auch die entsprechenden überregionalen Kunstrichtungen, auf die sich diese Künstler beziehen, deutlich werden.

Ob ihnen das am Ende gelungen ist, wird der Vorstand daran festmachen, ob auch in überregionalen Zeitungen überwiegend positiv über die Ausstellungen berichtet worden ist, ob Sponsoren für Teile der Ausstellungskosten gewonnen werden konnten und ob es gelungen ist, dass die Ausstellungen auch nach der Eröffnung noch regelmäßig Besucher haben. Dieses Konzept stellten sie der Mitgliederversammlung vor und diskutierten es ausführlich.

Balanced Score Card

Zur weiteren Konkretisierung dieses Ziels für die Kunstvereinsarbeit ging der Vorstand noch einen Schritt weiter. Er beschäftigte sich mit den vier wichtigsten Dimensionen dieses Ziels genauer, wie sie sich aus dem Konzept der Balanced Score Card (Ackermann 2000) ergeben.

Finanzen
Welche Finanzziele sollen damit verfolgt werden? Wie können zusätzliche Gelder gewonnen werden?

Kunden und Auftraggeber
Welchen Eindruck sollen Besucher, Mitglieder und öffentliche Geldgeber von unserer Arbeit bekommen?

Ziel: Zeitgenössische Künstler aus NRW bekannt machen, die für ein ungewöhnliches Kunstverständnis stehen.

Arbeitsabläufe, Mitarbeiter
Wie die Arbeitsabläufe organisieren, damit die Mitarbeiter optimal arbeiten können?

Innovation und Wissen
Wie erreichen wir, dass wir genug über die neuesten Debatten in der Kunstszene wissen?

Über die Debatte der Zielvorstellungen im Vorstand und anschließend in der Mitgliederversammlung wurde im Mitgliederrundbrief ausführlicher berichtet. Dabei wurden auch die Maßnahmen geschildert, die der Vorstand ganz konkret zur Verwirklichung seiner Ziele geplant hatte:

❖ Es werden vier Ausstellungen veranstaltet. Bei drei der Veranstaltungen steht jeweils ein regionaler Künstler im Mittelpunkt. Eine Ausstellung beschäftigt sich mit neueren internationalen Entwicklungen.
❖ Für jeweils ein Drittel der Kosten sollen Sponsoren gewonnen werden.
❖ Es soll eine aktivere Pressearbeit gemacht werden.

❖ Es sollen zunehmend Mitglieder persönlich angesprochen und gebeten werden, ihre persönlichen und beruflichen Kontakte zu Gunsten des Kunstvereins zu aktivieren.

❖ Es soll ein Freundeskreis von Leuten gegründet werden, die sich kontinuierlich über die überregionalen Entwicklungen informieren.

❖ Es werden Kunststudenten als freiwillige Helfer zur Unterstützung der kleinen Geschäftsstelle angesprochen usw.

Für interessierte Mitglieder oder Außenstehende ist auf dieser Grundlage leicht erkennbar, ob ein Projekt oder eine Maßnahme gelungen ist. Um sich zwischen sehr allgemein gehaltenen Vorhaben einerseits und konkreten Maßnahmen andererseits nicht zu verirren, beschreibe ich Ihnen nun eine weitere Methode, wie Sie die genaue Formulierung von Zielen angehen können.

Arbeitsschritte zur Formulierung von Zielen im Vorstand

Grundlage für die Zielformulierung im Vorstand sind Zukunftsszenarien (s. Kapitel 6) oder allgemeine Richtungsentscheidungen für die weitere Entwicklung eines Vereins. Will ein Vorstand daraus Ziele ableiten, empfiehlt sich folgendes Vorgehen:

❖ In einer Vorstandssitzung benennen je zwei Vorstandsmitglieder die drei wichtigsten Vorhaben für die nächsten drei bis fünf Jahre und schreiben sie auf. Dafür sammeln sie im ersten Schritt alle ihre Ideen und Vorhaben auf Moderationskarten, sortieren sie nach Wichtigkeit und wählen dann die drei ersten davon aus.

❖ Für jedes der drei ausgewählten Vorhaben werden zwei bis drei Ziele formuliert und zwei bis drei Maßnahmen skizziert. Die Ziele und Maßnahmen werden ebenfalls auf Moderationskarten festgehalten.

❖ Jede dieser Zweiergruppen hat zum Sortieren der Karten eine Pinnwand zur Verfügung, die in drei Felder unterteilt worden ist: Vorhaben – Ziele – Maßnahmen. Sie ordnen ihre Karten der jeweiligen Rubrik zu. Das Ergebnis wird den anderen Vorstandsmitgliedern präsentiert. Diese sollen nun kritisch hinterfragen, ob die Ziele wirklich zeitlich begrenzte und am Ende überprüfbare Ergebnisbeschreibungen sind und nicht womöglich Maßnahmen oder generelle Vorhaben.

❖ Danach wird im Vorstand diskutiert, welche zwei der vorgeschlagenen Vorhaben mit entsprechenden Zielen und Maßnahmen konkret in nächster Zeit in Angriff genommen werden sollen.

Solche Diskussionen zur zukünftigen Ausrichtung der Vorstandsarbeit und der entsprechenden Arbeitsverteilung sollten entweder einmal jährlich im Rahmen einer Klausurtagung geführt werden.

Die Vorstandssitzungen

Häufigkeit der Sitzungen und zeitliche Ressourcen

Die brisanteste Forderung, die ehrenamtlich geleitete Organisationen an ihre Vorstandsmitglieder haben, betrifft die Zeit: Die meisten Vorstände planen ihren Arbeitsaufwand und ihre Termine nicht langfristig. Manche planen auch völlig unrealistisch: Wer keine Zeit hat, sich für Sitzungen vorzubereiten und Aufgaben zwischen den Sitzungen zu erledigen, wird kaum eine Chance haben, ernsthaft Einfluss zu nehmen.

Die Häufigkeit der Sitzungen und ihre zeitliche Länge ist ein immer wieder viel diskutiertes Thema: Einerseits sind Sitzungen nach Feierabend häufig nicht sonderlich kreativ; andererseits gehen erfahrene Vorstände zurückhaltend mit ihrer Wochenendzeit um: Zu viele Vorstandswochenenden führen zu Krach in der Familie oder zur Vernachlässigung anderer privater Interessen.

Der heikle Balanceakt der Arbeits- und Zeiteinteilung gelingt nur, wenn langfristig geplant wird. Sitzungen von Mal zu Mal festzulegen ist sehr Zeit raubend: Es wird viel Zeit mit der Terminsuche vertan.

Der Zeitaufwand für die Vorstandsarbeit variiert von Verein zu Verein außerordentlich. Während Vorstände von Vereinen, die sich zum Beispiel auf Grund schwindender Mitgliederzahlen in einer schwierigen Lage befinden, vielleicht wöchentlich oder monatlich tagen, ist in Zeiten ganz normalen Geschäfts unter Umständen nur im Abstand von mehreren Monaten eine Sitzung nötig. Aus Untersuchungen der Vereinsforschung, die sich mit der Frage des Zeitaufwands beschäftigt haben, lässt sich grob schätzen, dass Ehrenamtliche durchschnittlich pro Monat 20 Stunden für den Verein arbeiten (Zimmer 1996).

> **Zeitaufwand für die Vorstandsarbeit: Im Durchschnitt 10–20 Stunden pro Monat und mehr.**

Zur Bearbeitung des laufenden Geschäfts sollten sich Vorstandsmitglieder einmal im Monat Zeit für eine Sitzung am späten Nachmittag bis in den Abend hinein nehmen. Bei überregionalen Vereinen sollte mit einem Turnus von einer Wochenendsitzung alle zwei bis drei Monate gerechnet werden. Neben den Sitzungen für das laufende Geschäft sollten zweimal im Jahr ein- bis zweitägige Sitzungen eingeplant werden, auf denen die grundsätzliche Ausrichtung des Vereins in Ruhe, das heißt ohne Entscheidungs- und Zeitdruck, debattiert werden kann oder komplexere Themen vertieft diskutiert und geplant werden können.

Für die grundsätzliche Ausrichtung: zweimal im Jahr ganztägig Sitzungen

Wenn Vorstandsmitglieder trotz langfristiger Terminplanung dauernd wichtigere Termine haben, die dazwischen kommen, ist relativ schnell klar, dass die Vorstandsarbeit keine besonders hohe Priorität für dieses Mitglied hat. Die anderen Vorstandsmitglieder sollten daher die Frage stellen, ob jemand mit so wenig Zeit nicht besser sein Vorstandsamt abgibt.

Leitung der Vorstandssitzungen

Viele Vorstandsvorsitzende glauben, dass eine ihrer zentralen Aufgaben darin besteht, die Vorstandssitzungen zu leiten. In den meisten Satzungen ist das jedoch nicht festgelegt. Die besondere Position des Vorsitzenden ergibt sich bereits aus seinen Geschäftsführungsaufgaben und den Vertretungsaufgaben gegenüber der Öffentlichkeit. Die Sitzungsleitung ist handwerkliches Alltagsgeschäft, das die Vorstandsarbeit erleichtert. Sie kann prinzipiell von jedem

Die Sitzungsleitung kann jeder übernehmen

Vorstandsmitglied wahrgenommen werden. Voraussetzung sind grundlegende Moderationsfähigkeiten (Hartmann u.a. [3]2001).

Für die Arbeitsfähigkeit eines Vorstands ist es eher kontraproduktiv, wenn ausschließlich der Vorsitzende die Sitzungen leitet: Viele Vorstandsmitglieder gewöhnen sich in einer solchen Situation an, dem Vorsitzenden relativ unkritisch zuzustimmen. Das vereinfacht zwar die Arbeit, es führt aber auch zu eintönigen, langweiligen Sitzungen. Außerdem verleitet es die Vorstandsmitglieder leicht dazu, dass sie ihre Verantwortung aus der Hand geben und stillschweigend an den Vorsitzenden delegieren. Dies ist oft ein schleichender, zunächst unauffälliger Prozess, der nur an der relativen Leblosigkeit der Sitzungen zu erkennen ist.

> **Moderationstechniken: Sie erleichtern die Sitzungsleitung und die Diskussion komplexer Sachverhalte.**

Zahlreiche Vorstandsvorsitzende versprechen sich von der Sitzungsleitung besondere Einflussmöglichkeiten. Sie sehen dies als politisches Steuerungsinstrument. Das ist nur dann der Fall, wenn der Vorsitzende manipulative Interessen verfolgt oder wenn die anderen Vorstandsmitglieder wenig Verantwortung übernehmen möchten. Beides sind alarmierende Zustände für die Arbeitsfähigkeit eines Vorstands.

Der Grundsatz: »Wenn niemand dagegen ist, sind also alle dafür« erweist sich bei brisanten Fragestellungen immer wieder als Trugschluss: Schweigende, vermeintlich zustimmende Mitglieder sind oft kluge, aber resignierte Kritiker. Je größer der Vorstand, umso zurückhaltender sind Kritiker mit der Äußerung ihrer Meinung. Will man die Vorstandsmitglieder veranlassen, sich eine verlässliche Meinung zu bilden, die sie auch bei der nächsten Sitzung noch aktiv vertreten, dann empfiehlt es sich, sich kundig zu machen, was die eher stillen Vorstandsmitglieder denken.

Schweigende Mitglieder sind oft kluge, aber resignierte Kritiker

In allen Vorständen, die über viele Jahre miteinander arbeiten, entwickelt sich eine Tendenz zur Ritualisierung von Meinungsbildungsprozessen: Jeder glaubt vom anderen zu wissen, wie seine Meinung zu bestimmten Punkten ausfallen wird. Vorstände, die ein zu eingespieltes Team darstellen, sind in der Gefahr, in ihren vorgefassten Meinungen zu erstarren. Unglückliche Folge ist, dass solche Vorstände kaum noch kreative Ideen entwickeln.

*Begrenzung
der Amtszeit*

Das beste Mittel gegen erstarrte Strukturen im Vorstand stellt eine Begrenzung der Amtszeit von Vorstandsmitgliedern dar. Wenn von Zeit zu Zeit neue Mitglieder in den Vorstand kommen, müssen sich alle neu orientieren.

Die Tendenz zu ritualisierten Meinungsbildungsprozessen kann auch dadurch reduziert werden, dass die Sitzungsleitung von Zeit zu Zeit wechselt. Vorstandsmitglieder, die selbst über einige Zeit die Leitung einer Sitzung wahrnehmen, wissen sehr viel genauer, wie wenig hilfreich lethargische Gruppenmitglieder sind.

Kooperation im Spannungsfeld von Widersprüchen

Die Zusammenarbeit von Mitgliedern eines Vorstands findet immer im Spannungsfeld von Widersprüchen statt:

❖ Die Vorstandsmitglieder sollen einerseits sach- und fachgerechte Entscheidungen fällen und andererseits die widersprüchlichen Interessenlagen von Mitgliedern berücksichtigen.
❖ Sie sollen alle Mitglieder gleich behandeln, aber gleichzeitig auch Einzelfälle mit integrieren.
❖ Mehrheitsmeinungen sind Ausgangspunkt ihrer Arbeit, Minderheitsmeinungen sollen aber auch geschützt werden.
❖ Einerseits starten die Vorstandsmitglieder Initiativen und Projekte. Sie motivieren und begeistern so die Mitglieder. Andererseits sollen sie den Mitgliedern Platz für ihre eigenen Interessen lassen und Entwicklungen abwarten.
❖ Das Vereinsleben muss gelenkt und gesteuert werden, die Mitglieder sollen aber möglichst viel mitbestimmen.
❖ Die Vorstandsmitglieder sollen Einigkeit nach außen demonstrieren und andererseits die Pluralität der Meinungen aus dem Verein repräsentieren.
❖ Auf der einen Seite sollen sie Fachleute zur Entscheidung von Sachproblemen sein, auf der anderen Seite müssen sie einen allgemeinen Überblick jenseits fachlicher Detailkenntnisse haben und generelle Zusammenhänge sehen.
❖ Sie sollen innovativ sein und gleichzeitig die Tradition wahren.
❖ Sie sollen den Zusammenhalt der internen Gruppierungen, Fraktionen oder nachgeordneten Untergliederungen sichern und sollen zugleich Entscheidungsverantwortung weitgehend dezentralisieren sowie die Entfaltungsmöglichkeiten und die Autonomie von Untergruppen sichern.

Die Liste solcher und ähnlicher Spannungsfelder lässt sich noch beliebig fortsetzen (Neuberger 1994). Es wird einmal mehr deutlich, dass Vorstände, selbst bei größtem Bemühen nicht allen Wünschen und Erwartungen von Mitgliedern entsprechen können. Der Vorstand kann nur von Mal zu Mal je nach Situation neu entscheiden. Vorstandsmitglieder müssen sich daher sowohl mit inneren als auch mit äußeren Konflikten auseinander setzen. Denn im Vorstandsgremium werden immer wieder Meinungsverschiedenheiten auftreten. Das liegt in der Natur der Aufgabe und in den Organisationsstrukturen. Ohne verlässliche Einigungsprozesse bleibt ein solches Gremium handlungsunfähig.

Meinungsverschiedenheiten sind also ein zentraler Bestandteil der Vorstandsarbeit. Sie machen die Arbeit zu einem ständigen Balanceakt. Dieser Balanceakt gelingt immer dann gut, wenn die Vorstandsmitglieder flexibel bleiben und bereit sind, Differenzen im Hinblick auf ihren sachlichen Gehalt und ihre machtpolitische Bedeutung sorgsam zu diskutieren. Es ist unübersehbar: Zusammenarbeit mit gemeinsamen Zielvorstellungen ist nicht, wie vielleicht unerfahrene Vorstandsmitglieder glauben, eine Selbstverständlichkeit, sondern angesichts der Konflikte, die damit verbunden sind, ein leicht zerbrechliches Gemeinschaftswerk. Daher ist es wichtig, genügend gemeinsame Grundüberzeugungen zu haben und sich gegenseitig Respekt zu zollen.

Meinungsverschiedenheiten sind zentraler Bestand der Vorstandsarbeit

Der Arbeitsstil eines Vorstands

Jeder Vorstand entwickelt im Spannungsfeld widersprüchlicher Anforderungen einen eigenen Arbeitsstil.

Beziehungs- oder Sachorientierung

Arbeitsstile von Leitungsgruppen unterscheiden sich generell dadurch, ob sich ihre Mitglieder in ihren Entscheidungen eher durch Themen oder Aufgabenstellungen leiten lassen oder ob sie sich in erster Linie am vorhandenen Beziehungsgefüge und der Zufriedenheit von Mitarbeitern und Mitgliedern orientieren.

Im achtköpfigen Vorstand eines Jugendverbandes wird diskutiert, wie die Beschwerden von zwei Jugendherbergen über das Verhalten der Jugendlichen während der jährlichen Sommerreise einzuschätzen sind. In beiden Fällen ist es zu nächtlichen Ruhestörungen gekommen. In einer Jugendherberge hat es Krach mit einer anderen Gruppe gegeben. Im Vorstand argumentiert die Mehrzahl der Mitglieder mit Berücksichtigung der persönlichen Verhältnisse:

❖ *Der Vorstand muss sich loyal vor die eigenen Mitglieder stellen. Schließlich seien es ja Jugendliche.*
❖ *Außerdem sollen die eigenen Gruppenleiter nicht durch die Beschwerden Schwierigkeiten bekommen, schließlich seien sie ehrenamtlich tätig.*
❖ *Man müsse natürlich auch die Jugendherbergsleitung verstehen: die wollen mit ihrer Nachbarschaft in Frieden leben.*

Eine Minderheit argumentiert sachbezogen:

❖ *Der Konflikt zwischen dem nächtlichen Ruhebedürfnis der jeweiligen Nachbarschaft und den Ausschweifungen der Jugendlichen werde immer bei solchen Reisen zum Problem.*
❖ *Ziel dieser Reisen sei es, dass Jugendliche lernen, damit sorgsam umzugehen. Das sei offenbar auf dieser Reise nicht so gut gelungen. Man müsse sich ein genaueres Bild darüber verschaffen, ob das eher an den Jugendlichen gelegen habe, an den Begleitern oder an den Jugendherbergen.*

Beide Argumentationslinien haben ihre Berechtigung. Tatsächlich sind Einigkeit oder Kontroversen in Arbeitsgruppen immer durch sachliche Gesichtspunkte und durch persönliche Loyalitäten bedingt. In manchen Vorständen stehen die persönlichen Loyalitäten der Vorstandsmitglieder stärker im Vordergrund und in anderen Vorständen argumentiert die Mehrzahl der Mitglieder in erster Linie sachlich. Die Arbeitsstile von Vorständen unterscheiden sich dementsprechend in der Balance zwischen Aufgabenorientierung und Beziehungsfaktoren. Die gegenüberliegende Zeichnung verdeutlicht dies für die Arbeitsstile, die in Kapitel 1 (S. 29ff.) beschrieben wurden.

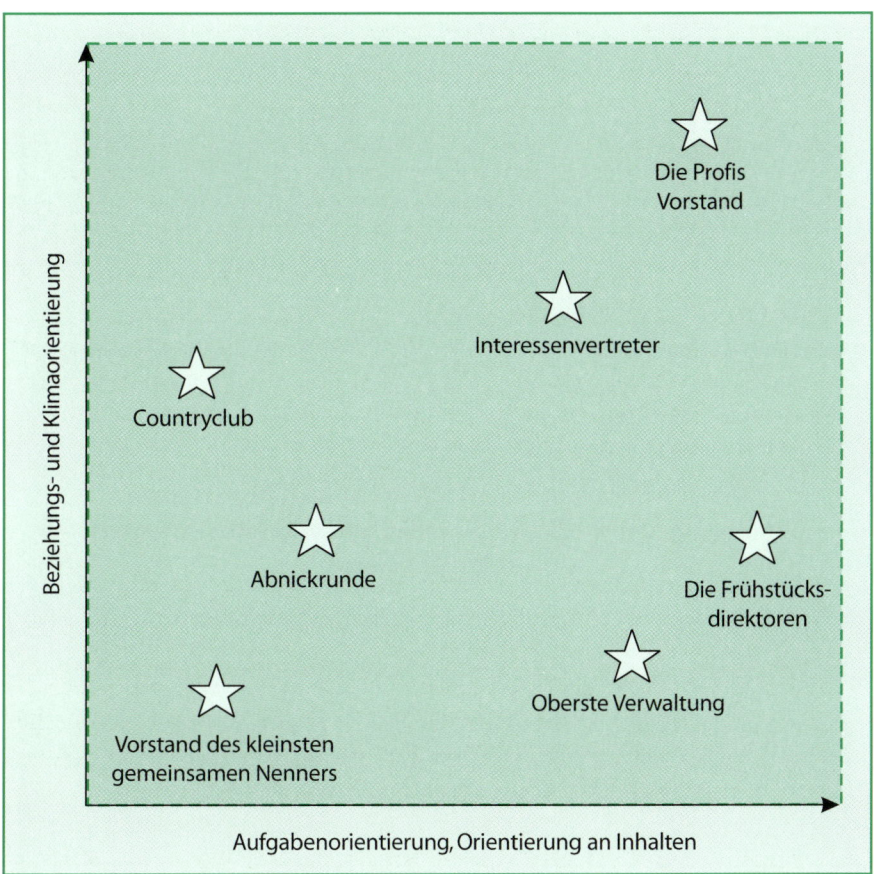

Interessenvertretung oder Gesamtverantwortung

Das Selbstverständnis von Vorständen pendelt auch immer zwischen den beiden Polen: Interessenvertretung oder Gesamtverantwortung. Es handelt sich um einen in jeder Führungsrolle angelegten Loyalitätskonflikt, der nicht ein für alle Mal gelöst werden kann, sondern der je nach Thema und Situation immer wieder neu bewältigt werden muss: Das Wohlergehen jener Gruppierungen oder Fraktionen, die den meisten Vorstandsmitgliedern eher fern stehen, muss von Einzelnen von ihnen immer wieder ins Spiel gebracht werden. Das stört unter Umständen die Mehrheit der Mitglieder auf Dauer. Wie eine Gruppe von Seiltänzern müssen die Beteiligten die Balance immer wieder neu herstellen.

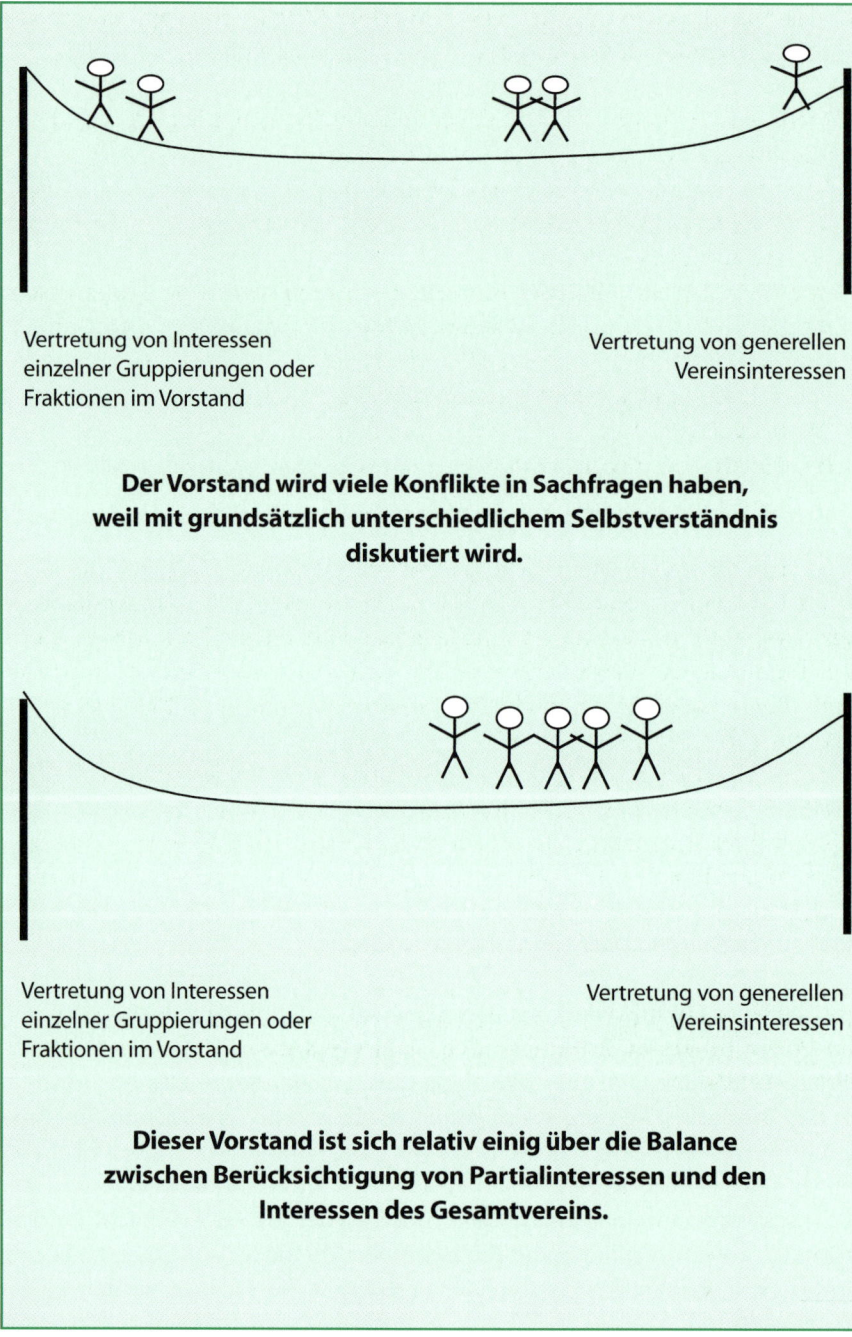

Vertretung von Interessen
einzelner Gruppierungen oder
Fraktionen im Vorstand

Vertretung von generellen
Vereinsinteressen

**Der Vorstand wird viele Konflikte in Sachfragen haben,
weil mit grundsätzlich unterschiedlichem Selbstverständnis
diskutiert wird.**

Vertretung von Interessen
einzelner Gruppierungen oder
Fraktionen im Vorstand

Vertretung von generellen
Vereinsinteressen

**Dieser Vorstand ist sich relativ einig über die Balance
zwischen Berücksichtigung von Partialinteressen und den
Interessen des Gesamtvereins.**

Für das Ausbalancieren der Interessen einzelner Mitgliedergruppierungen mit den übergreifenden Zielsetzungen des Vereins gibt es einige generelle Regeln:

❖ Mehrheitsbeschlüsse sind bindend und werden von allen Vorstandsmitgliedern nach außen vertreten und durchgesetzt.
❖ Grundlegende Differenzen, zum Beispiel über die zukünftige Ausrichtung des Vereins, sollten in einem größeren Kreis zunächst ohne Entscheidungsdruck diskutiert werden.
❖ Streit wird als ein Mittel der Einigung angesehen. Viele Kontroversen oder Interessenkonflikte werden erst durch einen langwierigen, exzessiven Streit deutlich. Bevor nicht alle einmal nachdrücklich ihre Meinung gesagt haben, kann es keine sinnvollen Kompromisse geben.
❖ Interessenkonflikte dürfen nicht totgeschwiegen werden, sie müssen verhandelt werden, bis ein vernünftiger Kompromiss gefunden wird, der von allen Beteiligten getragen wird.

Vielfach werden sachliche Meinungsverschiedenheiten so diskutiert, als seien sie das Steckenpferd einzelner Mitglieder. Damit geraten Vorstandsmitglieder ganz persönlich ins Zentrum der Aufmerksamkeit. Solche Personalisierungen aber führen häufig in eine Sackgasse: Die sachliche Auseinandersetzung ist in Gefahr, als persönlicher Konflikt missverstanden und so in ihrer sachlichen Bedeutung für unwichtig erklärt zu werden.

Personalisierungen führen in Sackgassen

Das Ausbalancieren zwischen Interessenvertretung für einzelne Fraktionen und der Verantwortung für den ganzen Verein ist nur von Situation zu Situation zu bewältigen. Eine Liste von Verhaltensregeln und Rezepten hilft nicht weiter. Nur Übung und Erfahrung machen es leichter, von Mal zu Mal das richtige Gleichgewicht zu finden.

> **Die wichtigste Regel für Vorstände:** Immer wieder neu in die inhaltliche Auseinandersetzung mit denjenigen Mitgliedern gehen, die die Mehrheitsmeinung nicht teilen.

Außerdem helfen gemeinsame Grundüberzeugungen, den Konfliktstoff in Grenzen zu halten:

- ❖ Das gemeinsame Grundverständnis von Sinn und Ziel der Arbeit muss in regelmäßigen Abständen überprüft und weiterentwickelt werden.
- ❖ Entscheidungen müssen gemeinsam vertreten und durchgesetzt werden. Das ist besonders wichtig bei unpopulären Entscheidungen.
- ❖ Störungen und Konflikte in der Zusammenarbeit sind als normal anzusehen.
- ❖ In speziellen Fragestellungen werden am besten externe Experten zu Rate gezogen.
- ❖ Für die Glaubwürdigkeit von Vorstandsentscheidungen muss jenseits aller Fraktionierungen im Verein geworben werden.

Die Verteilung der Arbeit

Vorstände können sich ihre Arbeit erleichtern: Wichtigstes Mittel ist die Verteilung von Aufgaben auf die einzelnen Vorstandsmitglieder. Abgesehen von der Vergabe konkreter Vor- und Nacharbeiten zu einzelnen Tagesordnungspunkten, sollten spezielle Arbeitsschwerpunkte auch auf längere Sicht in der Verantwortung von jeweils ein bis zwei Vorstandsmitgliedern liegen. Diese berichten dann dem Vorstand über den Fortgang von Aktivitäten oder Projekten und stellen die für Entscheidungen nötigen Informationen zur Verfügung. Zudem gibt es eine Reihe von generell nützlichen Rollen oder Funktionen, die von verschiedenen Vorstandsmitgliedern je nach Neigung und Temperament wahrgenommen werden können. Sie sichern entweder den Zusammenhalt im Vorstand oder dienen sachlichen Arbeitsergebnissen.

Rollen, die den Zusammenhalt im Vorstand sichern (Tricker 1999)

❖ **Schiedsrichter**
Vorstandsmitglieder mit dieser Funktion im Vorstand beurteilen Kontroversen sachlich und unabhängig von Fraktionen und Beziehungen.

❖ **Katalysator**
Vorstandsmitglieder, deren besondere Fähigkeit darin besteht, Selbstverständlichkeiten in Frage zu stellen und so Denkgewohnheiten zu verändern. Sie zeigen auf, wo Werturteile eine solide Analyse ersetzen.

❖ **Wachhund**
Vorstandsmitglieder, die eine Schutzfunktion für einzelne Gruppierungen im Verein übernehmen.

❖ **Vertrauensperson**
Manches Vorstandsmitglied kann zur Vertrauensperson für andere Vorstandsmitglieder werden. Sie kann heiße Eisen wie zum Beispiel Machtmissbrauch thematisieren.

❖ **Beruhigungsmittel**
Vorstandsmitglieder, die auch in hektischen Zeiten einen kühlen Kopf und ruhig Blut bewahren.

Rollen, die die Qualität der Arbeitsergebnisse sichern

❖ **Weise Frau/Weiser Mann**
Vorstandsmitglieder, die Lebens- und Berufserfahrung in die Vorstandsarbeit einbringen.

❖ **Spezialist**
Solche Vorstandsmitglieder führen bei der Vorstandsarbeit ihre spezielle professionelle Ausbildung, ihr Fachwissen und ihr fachspezifisches Handwerkszeug ins Feld.

❖ **»Fenster zur Welt«**
Vorstandsmitglieder, die beispielsweise Einschätzungen von Marktentwicklungen, neuen Technologien, neuen Entwicklungen in der Industrie oder in internationalen Angelegenheiten für den Vorstand parat haben.

❖ **Galionsfigur**
Meist der Vorstandsvorsitzende oder ein Vorstandsmitglied mit öffentlichem Namen: Er vertritt den Verein gegenüber Geldgebern, gegenüber den Medien oder bei öffentlichen Anlässen und Konferenzen.

❖ **Kontaktperson**
Vorstandsmitglieder, die durch persönliche Kontakte den Vorstand in Netzwerke von potenziell nützlichen Personen und Organisationen hinein bringen.

❖ **Ehrenmitglied**
Vorstandsmitglieder, die ein Senatoren- oder Ministeramt oder hohe Positionen in Wirtschaftsbetrieben innehaben und entsprechendes öffentliches Ansehen genießen.

Die ausdrückliche Verteilung solcher Rollen oder Funktionen reduziert Konflikte in der Zusammenarbeit. Denn jedes Vorstandsmitglied hat auf diese Weise ein Feld, für das es zuständig ist und in dem es sich profilieren kann. Zudem ist es kaum denkbar, dass jedes Mitglied alle Rollen gleichermaßen gut wahrnehmen könnte.

Analyse der Arbeitsfähigkeit im Vorstand

Zur Analyse der Situation im Vorstand und seiner Arbeitsfähigkeit sind folgende Vorgehensweisen nützlich: Stimmungsbarometer, Meinungsaustausch zum Stand der Zusammenarbeit, regelmäßiges Resümee.

Stimmungsbarometer

In einer Sitzungspause oder am Ende jeder Sitzung machen alle Vorstandsmitglieder mit Hilfe eines Punktes auf einem vorbereiteten Stimmungsbarometer ihre persönliche Stimmung während der Sitzung kenntlich (Weidenmann 2000). Das Ergebnis wird nur dann genauer besprochen, wenn sich ein extremes oder für viele Vorstandsmitglieder überraschendes Bild ergibt.

Meinungsaustausch zum Stand der Zusammenarbeit

In Situationen, in denen die Arbeitsatmosphäre deutlich angespannt ist, wird die Tagesordnung für etwa eine halbe Stunde beiseite gelegt. Jedes Vorstandsmitglied teilt seine Einschätzungen und Vermutungen zu den Spannungen mit, die bei der Arbeit mitschwingen. Danach wird entsprechend der Tagesordnung weitergearbeitet.

Regelmäßiges Resümee

Etwa im Abstand von einem halben Jahr wird auf einer Vorstandssitzung die Zeit von ein bis eineinhalb Stunden für ein Resümee zur Frage der Zusammenarbeit reserviert. Alle Vorstandsmitglieder beantworten auf Karten, die später an eine Pinnwand kommen, folgende Frage: Was ist im letzten halben Jahr gut gelaufen, was war unbefriedigend a) in Bezug auf die Zusammenarbeit, b) in Bezug auf die bearbeiteten Themen?

Fragen, die Sie sich stellen sollten

Um die laufende Vorstandsarbeit und das eigene Engagement besser beurteilen zu können, sollte sich jedes Vorstandsmitglied folgende Fragen stellen:

Welche Ziele haben wir für die laufende Amtszeit festgelegt?

_____

_____

Was ist auf gutem Weg?

_____

_____

Was muss noch angegangen werden?

_____

_____

Sind unsere Zuständigkeiten sinnvoll verteilt? Entsprechen sie den persönlichen Stärken und Interessen der einzelnen Vorstandsmitglieder? Was kann verbessert werden?

_____

_____

Nehmen wir Erfolge genügend wahr oder gehen sie im Alltag unter? Wie werden Erfolge den Mitgliedern mitgeteilt? Was können wir noch tun?

_____

_____

Werden Mehrheitsbeschlüsse von allen Vorstandsmitgliedern nach außen vertreten? Wenn nicht, wie können wir das erreichen?

_____

_____

Welche Rolle nehme ich in der Vorstandsarbeit wahr? Welche andere Rolle würde ich gern übernehmen?

_____

_____

Kapitel 4:
Machtfragen

»*Dass sie eine Rolle übernommen haben und damit ein kleines Segment der Institution in sich tragen, ist ihnen nicht bewusst.*« (Grawe 1995)

Machtfragen

In vielen Vorständen wird es für anstößig gehalten, über Machtfragen zu diskutieren. Das gilt für Fußballvereine vielleicht nicht im gleichen Maße wie für Vereinigungen von Musikern. Besonders gilt dies aber für Gesellschaften mit weltanschaulichem oder moralischem Anspruch: für kirchliche Organisationen, Hilfsorganisationen, Gewerkschaften, mancherorts auch für Parteien oder Institutionen der Erwachsenenbildung.

Jeder Mensch weiß, dass er nicht umhin kann, Macht auszuüben – und sei es nur über die eigenen Kinder. Darüber spricht man jedoch, wenn überhaupt, lieber nur insgeheim oder im engsten Familien- und Kollegenkreis. So funktionieren Tabus. Offene Gespräche darüber, welche Position jemand anstrebt, um Macht und Einfluss zu gewinnen, sind in vielen Vereinen kaum möglich. Solche Interessen gesteht man höchstens Politikern zu. Und selbst das nur mit leicht abfälligem Unterton.

Was immer ein Vorstand tut, er wird die Machtverhältnisse im Verein in der einen oder anderen Richtung beeinflussen: Entweder er plant Reformen. Dann muss er die herrschenden Verhältnisse verändern. Denn ohne Verschiebungen im Machtgefüge sind Neuerungen in der Regel nicht umsetzbar. Oder ein Vorstand hat die Absicht, alles so fortzusetzen, wie es sich bisher als sinnvoll erwiesen hat. Dann muss er die vorhandenen Machtverhältnisse gegen Veränderungswünsche von Mitgliedern oder Mitarbeitern verteidigen und festigen.

Ohne Verschiebungen im Machtgefüge sind Neuerungen nicht umsetzbar

Manches Vereinsmitglied glaubt, Machtfragen kämen nur ins Spiel, wenn Menschen in hohen Positionen ihre Macht missbrauchen, um eigene Interessen durchzusetzen oder um Freunden Ämter und Jobs zu verschaffen. Mit dem Wort »Macht« wird meist der Machtmissbrauch gleich mitgedacht. Dabei wird übersehen, dass Fragen von Macht und Einfluss immer dann zu regeln sind, wenn mehrere Menschen mit unterschiedlichen Interessen gemeinsam etwas tun wollen.

Wenn zwei Familienmitglieder mit einem Fernseher verschiedene Sendungen sehen wollen, dann müssen sie entscheiden, wer seine Interessen zurückstellt. Das ist eine Frage von Macht und Sympathie.

Bei jeder Form der Kooperation sind Macht- und Beziehungsfragen zutiefst miteinander verbunden. Das ist in herkömmlichen Vereinen so und auch in alternativen Projekten.

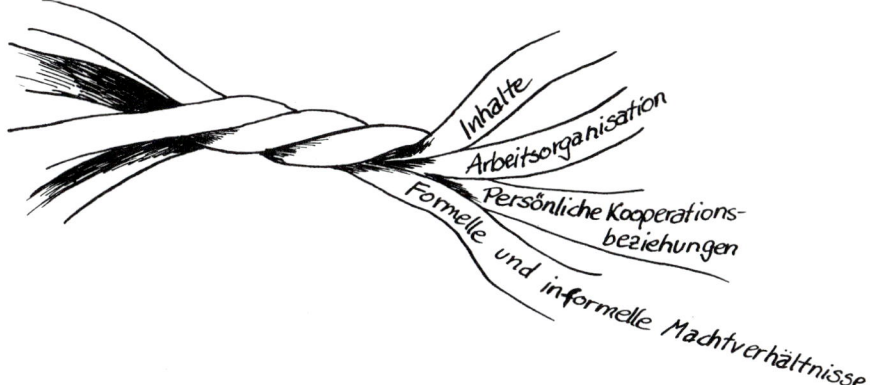

Man spricht nur in den seltensten Fällen über die Verwobenheit von Macht- und Beziehungsfragen, denn die Regelung von Machtfragen ist für die meisten Menschen im Alltag so selbstverständlich wie die Luft und daher nicht immer bewusst: Wo das Machtgefüge sich so entwickelt hat, dass es den Beteiligten bei ihren Vorhaben nützt, behaupten Menschen leicht, es gäbe kein Machtverhältnis. Manche Arbeitsgruppen glauben, es sei ihnen gelungen, einen machtfreien Raum herzustellen. Tatsächlich aber haben sie in solchen Fällen eine besonders geglückte und passende Form gefunden, mit vorhandenen Verhältnissen umzugehen.

In diesem Kapitel geht es
- ❖ um die Schwierigkeit, über Macht zu sprechen.
- ❖ um das informelle System.
- ❖ um die Kunst der kollektiven Meinungsbildung bei Grundsatzfragen.

Von der Schwierigkeit, über Macht zu sprechen

Sprachverwirrungen

Machtverhältnisse werden vielfach nur da wahrgenommen und zur Diskussion gestellt, wo sie sich als Hindernis für die Kooperation oder für das Zusammenleben bemerkbar machen. Erst wenn Missstände offenbar werden, wird zögerlich und meist nur gezwungenermaßen auch über die herrschenden Machtverhältnisse gesprochen. Wenn man sich mit Machtfragen beschäftigt, gerät man schnell in schlecht überschaubare und schwer beschreibbare Zusammenhänge. Sprachverwirrungen sind dabei kaum zu vermeiden.

 *In einer Vorstandsdiskussion um die Einführung eines neuen Finanzbuchhaltungssystems entwickelt sich in etwa folgende Debatte:*

Hier sieht jeder das Problem von einer anderen Seite: Die einen sprechen von der persönlichen Autorität einzelner Personen, andere sprechen von der formellen Macht von Führungskräften, von persönlichen Verhaltensweisen oder von der Macht der Mehrheiten. Wiederum andere reden zur gleichen Zeit von der Macht der Regeln und Normen in der Zusammenarbeit, von ungeschriebenen Gesetzen oder von gemeinsamen Grundüberzeugungen. Mancher Vorstand denkt in solchen Diskussionen an die Macht der hierarchischen Verhältnisse oder an die Macht, die bestimmte Positionen verleihen. Mancher spricht von geheimen Machtzirkeln, grauen Eminenzen, von der Macht der Gewohnheiten oder von der Macht der persönlichen Beziehungen.

Persönliche Autorität, formelle Macht von Vorgesetzten usw.

Diese unterschiedlichen Zugänge zum Thema führen dazu, dass alle Beteiligten aneinander vorbeireden. Ohne eine Einigung, welcher Aspekt zuerst besprochen werden soll, wird es zu keiner sinnvollen Diskussion kommen können. Ein solches thematisches Durcheinander wird von manchen Mitgliedern gern benutzt, um mit Hilfe von Sachfragen Machtfragen auszutragen. Solche Sprachverwirrungen sind nicht unbedingt durchschaubar.

Die vier Arenen des Machtgefüges

Vorstände, die inhaltlich etwas bewegen wollen, müssen Machtverhältnisse beeinflussen. Das geht nicht so leicht und schnell, wie Vorstands- oder Vereinsmitglieder es manchmal erhoffen. Ein langer Atem, gute Unterstützer, eine realistische Einschätzung von den gegebenen Verhältnissen sowie eine gemeinsame Zielrichtung werden dafür benötigt.

Es scheint häufig alles nur eine Frage von Personen zu sein: Die richtige Frau bzw. der richtige Mann an die richtige Stelle und damit löst sich das Problem. Das ist eine weit verbreitete Überzeugung, die der Sache nicht gerecht wird.

Will ein Vorstand das Machtgefüge eines Vereins überschauen, muss er sich immer wieder ein Bild darüber verschaffen, was sich in den vier großen Arenen des Machtgefüges abspielt (Neuberger, 1995).

❖ **Persönliche Autorität:** Welche Vorstands- und Vereinsmitglieder genießen hohes Ansehen und Integrität? Für welche Ziele und Aktivitäten würden sie ihr Ansehen in die Waagschale werfen?

❖ **Machtspiele:** Welche Gruppierungen sind im Verein zurzeit verbündet, welche bekämpfen einander? Für welche Ziele und Aktivitäten würden sie sich zusammentun?

❖ **Strukturelle Machtverhältnisse:** Sind die in den hierarchischen Strukturen und in den Entscheidungswegen festgelegten Regelungen und Konventionen noch nützlich oder eher hinderlich für die Handlungsfähigkeit des Vereins? Unterstützen sie die Verwirklichung der Vereinsziele und wichtige Entwicklungen im Verein? Für welche Ziele und Aktivitäten müssten Abläufe und Konventionen geändert werden?

❖ **Vereinskultur:** Welche Moralvorstellungen, ungeschriebenen Gesetze oder Weltbilder gelten im Verein als selbstverständliche Grundlage aller Entscheidungen? Welche Ziele und Aktivitäten sind im Rahmen der vorhandenen Grundwerte und ungeschriebenen Gesetze realisierbar und welche erfordern Veränderungen im Wertgefüge der Vereinsmitglieder?

Es ist ein wahres Kunststück, das Machtgefüge so beweglich zu halten, dass engagierte Debatten über unterschiedliche Wertvorstellungen, über kontroverse Weltbilder oder über die zukünftige Entwicklung des Vereins geführt werden und nicht zu Grabenkämpfen zwischen internen Fraktionen werden. Dafür ist eine differenzierte Analyse im Vorstand hilfreich. Für den Zusammenhalt des Vereins sind solche Debatten immer wieder notwendig. Sie sind eine gute Voraussetzung dafür, dass angestammte Reviergrenzen und Loyalitäten überdacht werden und innovative Vorhaben eine Chance bekommen.

Der wohl dosierte Wechsel zwischen Phasen von streitbarer Auseinandersetzung und zeitweiser Befriedung der Kontroversen zwischen internen Gruppierungen ist ein soziales Meisterstück von kaum zu überschätzendem Wert für die Mitglieder und den Verein als Ganzes. Ein derart bewegliches Machtgefüge ist ein Gemeinschaftswerk aller Gruppierungen, angeregt oder spürbar gelenkt von einem geschickten Vorstand oder einzelnen Vorstandsmitgliedern.

Die vier Dimensionen von Macht-verhältnissen

Persönliche Autorität

Persönliches Ansehen, Glaubwürdigkeit, Integrität, Fachkunde
Konfliktformen: Personalisierung, üble Nachrede und Königsmord

Machtspiele

Netzwerke, Cliquen, Seilschaften, Unterstützergruppen
Kofliktformen: Bandenkriege, Glaubenskämpfe, Revierrangeleien

Strukturelle Macht

Die hierarchische Ordnung, Entscheidungswege, Gremiengefüge,
Informationsflüsse, Struktur der Arbeitsabläufe, Verfahrensregelungen
für wiederkehrende Arbeiten und Alltagsroutinen …
Institutionelle Konfliktfelder: Haupt- und Ehrenamt, Vorstände und Beiräte,
Finanzverwaltung und inhaltlich arbeitende Gruppen,
Bundesverband und Landesverbände, Landesverband und Kreisverbände …

Vereinskultur

Werte und Normen, Konventionen, Verhaltensstandards, Zusammengehörigkeit,
Tradition Konfliktfelder: Wertekonflikte, Zukunftsdebatten,
Konflikte um Zugehörigkeitund Ausgrenzung, innere Kündigungen,
Konflikte um Ehre, Moral und Ansehen

Der Traum vom machtfreien Raum

Für die meisten Menschen in Deutschland ist es noch immer erschreckend, wenn sie realisieren, wie vielgestaltig, allgegenwärtig sie von Machtverhältnissen umgeben sind. Die antiautoritäre Bewegung der 70er- und 80er-Jahre hat daran geglaubt, der Missbrauch von Macht könne dadurch verhindert werden, dass man allen Beteiligten weitreichende Mitspracherechte einräumt. So galten große Vorstände als fortschrittlich, in denen viele interne Gruppierungen vertreten waren.

Der Traum »Alle können alles« war eine nützliche Utopie. Dieser Leitsatz hat dazu beigetragen, dass viele Menschen in alternativen Betrieben und Projekten Fähigkeiten in sich entdeckt oder entwickelt haben, die durch ihre berufliche Qualifikation nicht erkennbar gewesen wären. Unter diesem Leitsatz sind zudem immer wieder Diskussionen über die tatsächlichen Machtverhältnisse in Organisationen geführt worden. Das war ein Fortschritt, der zugleich ein Dilemma mit sich brachte: Es wurde versucht, Unterschiede in der Machtverteilung zu vermeiden. Das geht nicht. »Keine Macht für niemand« hieß später die selbstironische Kommentierung von kritischen Mitarbeitern aus der Projektszene.

Prominentestes Beispiel ist die taz: Bis Anfang der 90er-Jahre galt das »bundesweite Plenum«, das die Mitgliederversammlung darstellte, als höchstes Entscheidungsgremium. Seine Größe und Unbeweglichkeit hat immer wieder zu machtpolitischen Situationen geführt, die die Zeitungsmacher in ihrer Arbeit stark behindert haben.

Destruktive Macht-
verhältnisse

Die Praxis hat gezeigt, dass Vereine destruktive Machtverhältnisse entwickeln, wenn ihre Mitglieder glauben, Machtverhältnisse dadurch abschaffen zu können, indem möglichst große Gremien mit Konsens entscheiden oder alle zwei Jahre ein neuer Vorstand gewählt wird. Im günstigsten Fall herrscht zwischen den engagierten Mitgliedern eine stille Übereinkunft, dass wichtige Entscheidungen informell vorbereitet oder an den Gremien vorbei entschieden werden müssen.

Ein Vorstandsmitglied aus einem überregionalen Frauenprojekt berichtet: »Es wurde in den 70er-Jahren einfach so lange diskutiert, bis alle sich einig waren oder jemand wütend rausrannte. Wenn ein Projektmitglied anderer Meinung war, dann war der das nach drei Tagen nicht mehr. Es wurde zum Teil tage- und wochenlang diskutiert über vergleichsweise untergeordnete

Fragen. Wenn du eine andere Meinung hattest, dann hattest du nicht den besten Stand.

Natürlich konntest du deine Meinung behalten. Dann musste man eben immer improvisieren, weil nichts entschieden werden konnte. Zum Beispiel die Frage, wo die Geschäftsstelle hinkommt: Die Frankfurter Gruppe war deutlich kleiner als die Hamburger. Darum konnte es nicht entschieden werden. Dann wäre ja die Frankfurter Gruppe unterlegen gewesen.

Es sollten nur Sachen entschieden werden, über die man sich einig war. Mit der Illusion, wenn alle Argumente gesagt sind, dann lässt sich alles rational entscheiden. Wir haben dann eine provisorische Entscheidung getroffen: dass die Geschäftsstelle für zwei Jahre nach Hamburg kommt und dann rotiert. Das hieß zwei Jahre Unsicherheit. Alle Stellen waren auf zwei Jahre befristet. Der Mietvertrag lief nur für zwei Jahre usw. Und das für eine Institution, die Millionen verwaltet. Das war eine der letzten Konsensentscheidungen, die ich erlebt habe.«

Der Preis solcher Strukturen ist, dass in Vereinen mit basisdemokratischem Anspruch und komplizierten Beteiligungsmodellen informelle Zirkel in gleicher Weise wie in traditionellen Vereinen zu den eigentlichen Machtzentren werden. Die entscheidenden Diskussionen finden beim Mittagessen, beim Sport oder bei anderer Gelegenheit in geschlossenen Cliquen statt.

Informelle Zirkel werden zu Machtzentren

Will man die Macht des Vorstands abschaffen oder weitgehend einschränken, entwickeln sich die eigentlich wirksamen Machtstrukturen im informellen Bereich. Sie werden auf diese Weise undiskutierbar und unkontrollierbar. So haben sich in vielen fortschrittlichen Vereinen und Projekten der Siebziger- und Achtzigerjahre zeitweise unter der Hand viel rüdere Machtverhältnisse entwickelt als in traditionellen, hierarchisch gegliederten Vereinen.

Vorstandsmitglieder, die in den politischen Bewegungen der Siebziger- und Achtzigerjahre aktiv waren, glauben nicht mehr uneingeschränkt an machtfreie Räume. Sie haben erfahren, dass in pluralistischen Gesellschaften Mehrheitsentscheidungen eine bessere Form des Minderheitenschutzes sein können als ein um jeden Preis errungener Konsens. Allerdings haben sie zum Teil im Umgang mit dem Machtgefüge ihres Vereins hochkooperative Formen der Zusammenarbeit entwickelt.

Konsensentscheidungen können destruktiv für das Vereinsleben sein

Die Erfahrungen der alternativen Vereine und Projekte aus den letzten dreißig Jahren sind von der überwiegenden Zahl herkömmlicher Vereine nicht zur Kenntnis genommen worden. So kommt es, dass manches Vorstandsmitglied in ganz traditionsreichen Vereinen noch heute die destruktiven, zum Teil aggressiven Seiten von Konsensentscheidungen unterschätzt.

Das informelle System

Klatsch und Tratsch tut Not

Informelle Presse   So zurückhaltend die meisten Menschen bei der Diskussion interner Machtverhältnisse sind, so rückhaltlos und gern wird über die, die Macht haben
und sie gebrauchen, unter der Hand mit viel Fantasie und Begeisterung gere-
det. Und das ist gut so: Anekdoten, Gerüchteküche, Klatsch und Tratsch sind
ein wichtiger Bestandteil jeder Organisation. Man nennt das Geflecht aus
Freundschaften, Bekanntschaften, Mittagstischen usw. die *informelle Presse*
oder das *informelle System*. Es umhüllt die Organisation wie ein Mantel. In
Pausen, beim Mittagessen, am Rande von Sitzungen, beim Sport oder gesel-
ligem Beisammensein werden Informationen ausgetauscht.

Eine Organisation, über deren interne Verhältnisse nicht mehr in der Kantine, im Flurfunk oder eben zwischen Tür und Angel lang und breit gesprochen wird, läuft Gefahr, dass ihre Informationsflüsse nicht mehr funktionieren und dass es kalt und ungemütlich wird. Der Verein gerät langfristig in die Gefahr, Mitglieder zu verlieren. Ein gängiges Symptom auf dem Weg in die Kälte: Bei frostigen Verhältnissen fliehen Kollegen und Vorstandsmitglieder regelrecht vor geselligen Veranstaltungen.

Wirtschaftsunternehmen wissen um diese Gefahren und veranstalten Seminare nur zu dem Zweck, dass sich Mitarbeiter unterschiedlicher Unternehmensbereiche kennen lernen und in Ruhe miteinander über ihre Sicht des Unternehmens, über die Führungskräfte und den ganzen alltäglichen Ärger unterhalten können. Sie hoffen dabei, dass neben dem Gewinn, den die Teilnehmer aus dem Seminarstoff selbst ziehen, auch berufliche Beziehungen, Freundschaften und Netzwerke entstehen. Sie pflegen das informelle System damit aktiv.

Das informelle System braucht Pflege

Das informelle System hat eine ähnlich beschützende Funktion wie das Immunsystem für einen Menschen: Wenn Gremien handlungsunfähig werden oder das formelle Informationssystem nicht funktioniert, kann über das informelle System noch vieles geregelt werden. Wenn »die Oberen« nicht mehr miteinander sprechen, sorgt die informelle Presse noch für eine regelmäßige Form der Kommunikation. Wenn interne Konflikte formell nicht thematisiert werden können, werden sie informell diskutiert und manchmal auch gelöst.

In einem freien Träger der Wohlfahrtspflege wurden alle Leiterinnen von Jugendwohnungen zu einer außerordentlichen Sitzung eingeladen. Weil einige Einladungen nicht angekommen waren, wurde die Einladung ein zweites Mal verschickt. Am Ende hatten trotzdem einige Leiterinnen keine Einladung erhalten. Ihr Kommentar: Wir kennen das schon. Wir haben aber unser eigenes Informationssystem und erfahren dadurch alles Wichtige.

An diesem Beispiel wird deutlich, welch eine wichtige Funktion die informelle Presse haben kann. Im informellen System werden wichtige Ereignisse in Anekdotenform festgehalten. Manchmal reicht ein Name oder ein Schlüsselwort und alle wissen Bescheid. Anekdoten vergolden das eigentliche Geschehen oder verdunkeln es. Sie sind wie hübsche kleine Geschenkpakete, die dem allgemeinen Amüsement dienen. Bei aller Liebe zum Klatsch und Tratsch, den Wahrheitsgehalt von Anekdoten sollte man lieber überprüfen, wenn man sich ernsthaft für das Geschehen im Verein interessiert.

Anekdoten: das kollektive Gedächtnis des Vereins

Ebenso verhält es sich mit der informellen Presse: Die Geheimnisse, die am wenigsten bekannt werden sollten, sind die begehrtesten und werden schneller und mit größerer Fantasie transportiert als irgendeine andere Nachricht. Immer unter dem Siegel der Verschwiegenheit, versteht sich. Der Glaube, in einem von Freundschaften, Cliquen und jahrelanger Zusammenarbeit getragenen Verein ließen sich Geschehnisse lange geheim halten, ist zwar weit verbreitet, aber unrealistisch. Die praktische Erfahrung zeigt immer wieder, dass in größeren Organisationen brisante Neuigkeiten nur selten und auch dann nur für sehr kurze Zeit geheim gehalten werden können.

Ausschalten kann man die informelle Presse nicht. Vorstände sollten damit rechnen, dass im informellen System alles kommentiert und verhandelt wird. Im günstigsten Fall kann ein Vorstand dies zu seinen Gunsten beeinflussen.

Selbstzerstörungsprozesse im informellen System

Gefahr: Vergiftung   Wie das Immunsystem eines Menschen kann das informelle System einer Organisation vergiftet werden. Das ist dann der Fall, wenn die informelle Presse nur noch »giftige« Geschichten transportiert, in denen Mitarbeiter oder Führungskräfte abgewertet werden. Wenn die informelle Presse zum Instrument für Bosheiten, Kränkungen und Beleidigung wird, wenn sie Zwietracht sät statt Missstände öffentlich zur Sprache zu bringen, dann ist ein Verein in Gefahr. In Krisenzeiten wird das informelle System zudem gern als Arena für Revierkämpfe missbraucht.

In manchen Vereinen entwickelt sich diese Unsitte tatsächlich zu einer ernst zu nehmenden Gefahr für die Zusammenarbeit: Mit Indiskretionen wird jegliches Vertrauen zwischen Kollegen zerstört. Wenn man nichts mehr im Vertrauen sagen kann, ohne dass es am nächsten Tag zum vereinsinternen Gespräch wird, verliert das informelle System seine Schutzfunktion für die einzelne Person. Solche »Vergiftungen« können für den Verein lebensbedrohlich werden: Viele Mitglieder werden sich in einem solchen Klima auf Dauer nicht wohl fühlen. Es ist zu befürchten, dass gerade die engagiertesten Mitglieder und Mitarbeiter zuerst das Weite suchen.

Ob die informelle Presse in einem Verein die Vorstandsarbeit unterstützt, oder ob sie zur Bühne für Neid, Missgunst, Angstfantasien und wilde Machtkämpfe degeneriert ist, lässt sich an der Schärfe im Tonfall aller Beteiligten erkennen und an der Vehemenz, mit der Standpunkte ohne Zögern für falsch oder schädlich erklärt werden. Wenn informell statt amüsanter Anekdoten gnadenlose Geschichten von Misserfolgen, von der Vertreibung der Vorgesetzten und von persönlichem Verrat erzählt werden, wenn bei vorgeblich spaßigen Bemerkungen einigen Beteiligten das Lachen im Halse stecken bleibt, dann muss man befürchten, dass im informellen System ein Selbstvergiftungsprozess im Gange ist, der dem Verein auf Dauer auch formell schwer zu schaffen machen wird.

Leitungsgremien tun sicher gut daran, sich immer wieder ein Bild vom Stand der Dinge im informellen System zu verschaffen. Wenn sie im Verein etwas bewegen wollen, sollten sie sich darum bemühen, auch die grauen Eminenzen aus den Machtzentren des informellen Systems an Meinungsbildungsprozessen zu beteiligen oder für ihr Vorhaben zu gewinnen. Nur solange das informelle System tendenziell wirklich mit dem Vorstand kooperiert, sind bei wichtigen Projekten die informellen Vorgespräche das Salz in der Suppe der formellen Gremien.

Die hohe Kunst: Meinungsbildung bei Grundsatzfragen

Komplexe Meinungs-prozesse zur Regelung von Machtkämpfen

Das eleganteste Handwerkszeug Machtkämpfe zu lösen sind komplexe Meinungsbildungsprozesse. Sie sind der Lebensnerv des Vereinslebens. Gibt es zur kollektiven Willensbildung zu wenig vereinsöffentliche Gelegenheiten, findet sie informell statt oder das Vereinsleben nimmt auf Dauer Schaden.

Schwer lösbaren Machtkämpfen liegen in der Regel Differenzen in den Grundwerten, Unterschiede in den Zukunftsvorstellungen oder differierende Konzepte zur Bewältigung einer Krise zu Grunde. Hat man es mit derart tief greifenden Differenzen zu tun, sind Vorstände gut beraten, wenn sie das Problem nicht allein zu lösen versuchen, sondern die Mitglieder einbeziehen.

Das sicherste Signal für die Notwendigkeit von vereinsweiten Grundsatzdebatten sind hauchdünne Mehrheiten bei wichtigen Entscheidungen im Vorstand oder in der Mitgliederversammlung. Mangelndes Interesse der Mitglieder an Mitgliederversammlungen kann ebenso ein Hinweis sein.

Meinungsbildungsprozesse, an denen jenseits der formellen Gremien weite Kreise der Mitglieder beteiligt werden sollen, sind zeitaufwändig. Sie lohnen sich aber: Sie schaffen Klarheit in der Sache und stärken das Gemeinschaftsgefühl. Zudem haben sie eine Reihe wünschenswerter Nebeneffekte:

❖ Alle Beteiligten sortieren ihre Gedanken und inneren Bilder von der Situation des Vereins. Alle gewinnen neue Einsichten in das Funktionieren des Gesamtgefüges. Mitglieder, die zu einfache Vorstellungen von der Vereinsrealität haben, gewinnen ein differenzierteres Bild.
❖ Die Vielfalt der vorhandenen Vorstellungen kann in relativer Ruhe aufgefächert werden. Es gilt nicht mehr nur schwarz oder weiß. In der Diskussion entstehen neue Lösungen.
❖ Die Mitglieder werden in die Verantwortung für das ganze Gefüge genommen.
❖ Mit den inhaltlichen Differenzen werden auch Gemeinsamkeiten wieder erlebbar.

Planung eines breiten Meinungsbildungsprozesses

Vereinsweite Meinungsbildungsprozesse müssen mehrstufig angelegt werden und sollten sorgsam geplant werden. Sie können wegen des nötigen Zeitaufwands in der Regel einmal pro Jahr durchgeführt werden.

Ein vereinsweiter Meinungsbildungsprozess, der über die formellen Gremien hinaus Mitglieder und hauptamtliche Mitarbeiter einbezieht, muss als Beratungsprozess für den Vorstand konzipiert sein: Am Ende des Prozesses stehen Entscheidungen, die der Vorstand treffen muss. Daher sollten sich die Vorstandsmitglieder an den Diskussionen beteiligen.

Der erste Schritt der Planung besteht darin zu entscheiden, welche Themen oder Konfliktfelder behandelt werden sollen. Das folgende Beispiel soll Ihnen diesen Prozess verdeutlichen.

Drei Vereine, die Beschäftigungsprojekte für arbeitslose Handwerker durchführen, wollen sich unter einem Dach zusammenschließen. Sie haben die Hoffnung, so Verwaltungskosten sparen und ein besseres Angebot trotz knapper werdender öffentlicher Mittel anbieten zu können. Dieser Plan der Vorstände erscheint zwar aus wirtschaftlichen Gründen vernünftig, er ist aber unter den Mitgliedern ziemlich umstritten. Verschiedene Gruppierungen haben bereits ihren Austritt angedroht für den Fall, dass es zum Zusammenschluss kommt. Bei jedem der beteiligten Verbände bestehen Konkurrenzen mit den jeweils anderen beiden. Außerdem schätzen sich die einzelnen Mitgliedschaften gegenseitig unterschiedlich ein:

❖ *Die Mitglieder des einen Verbandes werden als bieder und hausbacken bezeichnet.*

❖ *Die Mitglieder des zweiten Vereins gelten als kreative bunte Vögel, die mehr Interesse an der öffentlichen Selbstdarstellung haben, als an ernst zu nehmendem Engagement für die Arbeitslosen.*

❖ *Die Mitglieder des dritten haben schließlich den Ruf etwas proletenhaft zu sein. Zu ihm gehören viele Mitglieder aus sozial schwachen Gegenden. Die meisten waren in der Vergangenheit schon mehrfach selbst arbeitslos.*

Diese Beurteilungen werden selbstverständlich nur hinter vorgehaltener Hand geäußert. Seit langem werden unterschiedliche Modelle diskutiert, wie die Zusammenführung klappen könnte. Es gibt etwa gleich viele Befürworter und Gegner eines Zusammenschlusses. Die Meinung der Mitglieder ist in allen drei Vereinen gespalten, obwohl in der Vergangenheit verschiedene ge-

meinsame Projekte recht erfolgreich durchgeführt wurden. Dabei sind auch vereinsübergreifende Freundschaften entstanden. Das Problem besteht darin, dass ein Vorstand eine solche Meinungsverschiedenheit mit hauchdünnen Mehrheiten nicht lösen kann.

Die beteiligten Vorstände vereinbaren ein gemeinsames Treffen, um das weitere Vorgehen zu besprechen. Sie treffen sich einen halben Tag. Insgesamt werden aus den drei Vorständen zusammen etwa zwanzig Personen zu diesem ersten Treffen kommen. Zur Vorbereitung setzen sie eine Vorbereitungsgruppe ein. Die Vorbereitungsgruppe einigt sich auf folgendes Vorgehen für dies Treffen:

❖ *Jeder Vorstand schildert zu Beginn den Stand der Diskussion in seinem Verein. Für die Präsentation und inhaltliche Nachfragen stehen jeweils pro Verein 15 Minuten zur Verfügung. Die Vorstände erhalten im Vorfeld für diese Präsentation Leitfragen.*

❖ *Anschließend steht eine drei viertel Stunde für einen Meinungsaustausch über Fragen zur Verfügung, die sich bei den Präsentationen ergeben haben.*

❖ *Es werden Arbeitsgruppen jeweils mit Mitgliedern aller drei Vorstände gebildet. Die Arbeitsgruppen haben die Aufgabe, innerhalb von einer halben Stunde alle noch offenen, brisanten Fragen zum Thema aufzulisten. Anschließend werden erneut Arbeitsgruppen gebildet, die bis zum nächsten Treffen ein Zukunftskonzept entwickeln, das die offenen Fragen beantwortet.*

❖ *Es wird im Plenum ein Zeitplan entwickelt, welche Schritte der Meinungsbildung gegangen werden sollen, bevor die Vorstände sich entscheiden.*

❖ *Nach diesem Treffen werden Mitglieder anderer Gremien aus den beteiligten Vereinen und interessierte Mitglieder eingeladen, entweder sich den Arbeitsgruppen anzuschließen, die sich während des Vorbereitungstreffens gebildet haben oder selbst eine Arbeitsgruppe zu gründen.*

Im Vorbereitungsworkshop haben sich folgende Fragenkomplexe als besonders interessant herausgestellt: Wie wird der Vorstand besetzt? Wer von den Mitarbeitern bekommt in der Geschäftsstelle welche Position und welche Aufgaben? Was entscheidet die Geschäftsführung und welche Entscheidungen werden dem Vorstand vorbehalten sein? Wer hat welche Entscheidungskompetenzen? Wer wird an der Programmgestaltung beteiligt? Wird es dafür einen Beirat geben?

Alle Gruppen erstellen ein Konzept mit einem Finanzierungs- und einem Zeitplan. Dafür haben die Arbeitsgruppen drei Monate Zeit. Am Ende des Prozesses soll dem Vorstand eine Diskussionsvorlage mit zwei bis drei Varianten für die zukünftige Entwicklung des Gesamtvereins vorliegen. Zu Beginn dieses Zeitraumes findet eine Tagung statt, zu der Vereine und kirchliche Organisationen eingeladen werden, die in der Vergangenheit eigene Erfahrungen mit solchen Zusammenschlüssen gemacht haben. Eingeladen sind natürlich auch alle Mitglieder der drei Vereine.

Für den weiteren Verlauf des Meinungsbildungsprozesses müssen die Vorstände für Veranstaltungsformen sorgen, die ausführliche Debatten zwischen den Beteiligten ermöglichen. Zudem müssen die Ergebnisse dokumentiert werden. Am Ende der Diskussionen sollten die Vorstände selbst Stellung beziehen.

Praktisch könnte das in dem genannten Beispiel so aussehen: Nach drei Monaten findet ein zweitägiger Workshop statt, zu dem alle Mitglieder eingeladen werden, die an einem Konzept mitgearbeitet haben. Die Arbeitsgruppen präsentieren ihre Zukunftsvorstellungen auf Pinnwänden. Sie diskutieren die Konzepte miteinander und markieren am Ende der Veranstaltung durch Klebepunkte, welche Modelle ihnen besonders gut gefallen haben. Ergänzungen und Alternativen werden diskutiert. Die Ergebnisse werden dokumentiert und im Verein veröffentlicht. Sie werden auch den beiden anderen Vereinen zur Verfügung gestellt.

Im nächsten Schritt bearbeitet der Vorstand die Ergebnisse und entwickelt aus den vorgestellten Varianten entweder eine vierte oder wählt eines der vorliegenden Konzepte aus. Danach kann eine Mitgliederversammlung stattfinden, auf der diese Konzepte diskutiert werden. Es sollte zu diesem Zeitpunkt noch keine Entscheidung gefällt werden, damit alle Interessierten die Angelegenheit in Ruhe diskutieren und überdenken können. Einige Wochen später findet erneut eine Mitgliederversammlung statt, auf der dann Entscheidungen getroffen werden, oder die Mitgliederversammlung gibt ein generelles Votum ab und überlässt dem Vorstand letztendlich die Entscheidung.

Es sind viele Varianten für grundlegende Meinungsbildungsprozesse denkbar. Je nach Thema werden sie unterschiedlich aufwändig und verschieden zu gestalten sein. Ihre Gestaltung hängt entscheidend davon ab, wie viel Zeit und Engagement ein Vorstand für seine Arbeit aufzuwenden bereit ist. In vielen Fällen ist es sinnvoll, externe Hilfe hinzuzuziehen: Beratung für die Planung der einzelnen Schritte und professionelle Moderation von Workshops und Arbeitsgruppen können die Arbeit des Vorstands sehr erleichtern.

Checkliste für die Planung

Welche Geschichte hat das Thema im Verein? Was kann man aus der bisherigen Behandlung des Themas für die Zukunft lernen?

_____

_____

Welche inhaltliche Vorbereitung ist nötig? Wer kann das leisten? Wie viel Zeit und Geld wird dafür nötig sein?

_____

_____

Wer wird beteiligt? Wer sind die informellen Machthaber?

_____

_____

Welche Diskussionsschritte sollen in welcher Form geplant werden? Workshops? Tagungen? Mitgliederversammlungen? Diskussion in den Gremien? Wer moderiert die einzelnen Veranstaltungen?

_____

_____

Wie kann sichergestellt werden, dass folgende Fragen berücksichtigt werden: Wie ist die finanzielle Realisierbarkeit? Wie ist die inhaltliche Realisierbarkeit und Konkretheit? Wie ist die machtpolitische Realisierbarkeit? Wie ist die kommunikative Realisierbarkeit?

_____

_____

Gibt es bereits ein Konzept, wie die Interessierten im Verein über Umsetzungsschritte informiert werden? Wie sieht es aus?

_____

_____

Kapitel 5:
Zusammenarbeit mit Geschäftsführung und Gremien

»Zweimal im Jahr fahre ich da hin und höre mir das Gequatsche an und ansonsten mache ich, was ich will.« (Ein Geschäftsführer über seinen Vorstand)

»Ich finde, manche Ehrenamtliche überschätzen sich auch maßlos! Wir haben geglaubt, wir könnten mal eben so die Geschäftsführung machen. Und das bei vier Treffen im Jahr!« (Eine Vorstandsfrau über ihr eigenes Gremium)

Vorstände von größeren Vereinen werden in ihrer Arbeit vielfach von einer Geschäftsführung, von Ausschüssen, Beiräten oder Aufsichtsräten unterstützt. Das entlastet den Vorstand, trägt aber auch dazu bei, dass die Verständigungsprozesse etwas komplizierter werden. Soll die Zusammenarbeit gut gelingen, sind Absprachen über die Arbeitsverteilung nötig und tragfähige Kooperationsstrukturen, die auch dann noch funktionieren, wenn strukturell oder persönlich bedingte Differenzen die Zusammenarbeit erschweren.

Das Besondere an der Zusammenarbeit zwischen Vorstand und Geschäftsführung oder Gremien ist Folgendes: Ganz gleich, wie die Zusammenarbeit gestaltet ist, sie dient auch immer als Kristallisationspunkt für Spannungen und Kontroversen, die im Verein von Bedeutung sind. Sie hat die Funktion eines Frühwarnsystems. Unzufriedenheit zwischen dem Vorstand und der Geschäftsführung oder den Gremien ist wie der Sicherungskasten in der häuslichen Elektrik. Sie sollte als Anlass zur Klärung ernst genommen werden, selbst wenn die Quelle des Missmuts woanders ist.

In diesem Kapitel geht es darum:
- ❖ Wie Vorstand und Geschäftsführung trotzdem gut kooperieren.
- ❖ Wie der Vorstand und die sonstigen Gremien des Vereins gut miteinander zusammenarbeiten.
- ❖ Wie es zu sinnvoller Arbeitsteilung und soliden Absprachen trotz der strukturell angelegten Schwierigkeiten kommt.

Kooperation mit der Geschäftsführung

Gängige Strukturmodelle

Für die Kooperation zwischen Vorstand und Geschäftsführung existieren unterschiedliche Strukturmodelle, die nicht zuletzt auch von der Größe des Vereins, Mitgliederzahl, Vereinszweck usw. abhängen. Folgende Modelle gelten als die gängigsten:

❖ Die Geschäftsführung ist wie alle anderen Vorstandsmitglieder stimmberechtigtes Mitglied im Vorstand. Sie übernimmt in manchen Organisationen sogar den Vorsitz im Vorstand.

❖ Die Geschäftsführung ist beratendes, nicht stimmberechtigtes Mitglied im Vorstand. Sie nimmt an allen Sitzungen teil, berät den Vorstand in Sachfragen, entscheidet aber nicht mit. Der besondere Einfluss der Geschäftsführung ergibt sich aus sachbezogener Expertise und persönlicher Autorität, nicht aus formeller Beteiligung an Entscheidungsprozessen.

❖ Die Geschäftsführung ist kein festes Mitglied des Vorstands. Sie berichtet dem Vorstand und wird zu einzelnen Themen, je nach Bedarf, zu Rate gezogen. Wiederum hängt der Einfluss, den die Geschäftsführung auf den Vorstand hat, wesentlich von ihrer fachlichen Qualität und ihrem persönlichen Einfluss ab.

❖ Der Vorstand kann nur aus hauptamtlichen Mitgliedern bestehen, die Geschäftsführungs- und Vorstandsfunktion gleichzeitig wahrnehmen. Als Kontrollgremium kann ihnen ein Aufsichtsrat oder eine Delegiertenversammlung zur Seite gestellt sein.

Strukturmodelle für die Kooperation

Im Rahmen der genannten Grundmuster (s. auch Abbildung auf der nächsten Seite) gibt es eine Fülle von Gestaltungsmöglichkeiten in den Beziehungen zwischen Vorstand und Geschäftsführung. Hauptamtliche Vorstände können ebenso wie hauptamtliche Geschäftsführungen ein Wahlamt haben. Das heißt, ihr Arbeitsvertrag gilt nur für eine bestimmte Wahlperiode. Sie können auch einen unbefristeten Arbeitsvertrag erhalten. Die Amtszeiten für solche hauptamtlichen Wahlämter liegen zwischen zwei und zehn Jahren.

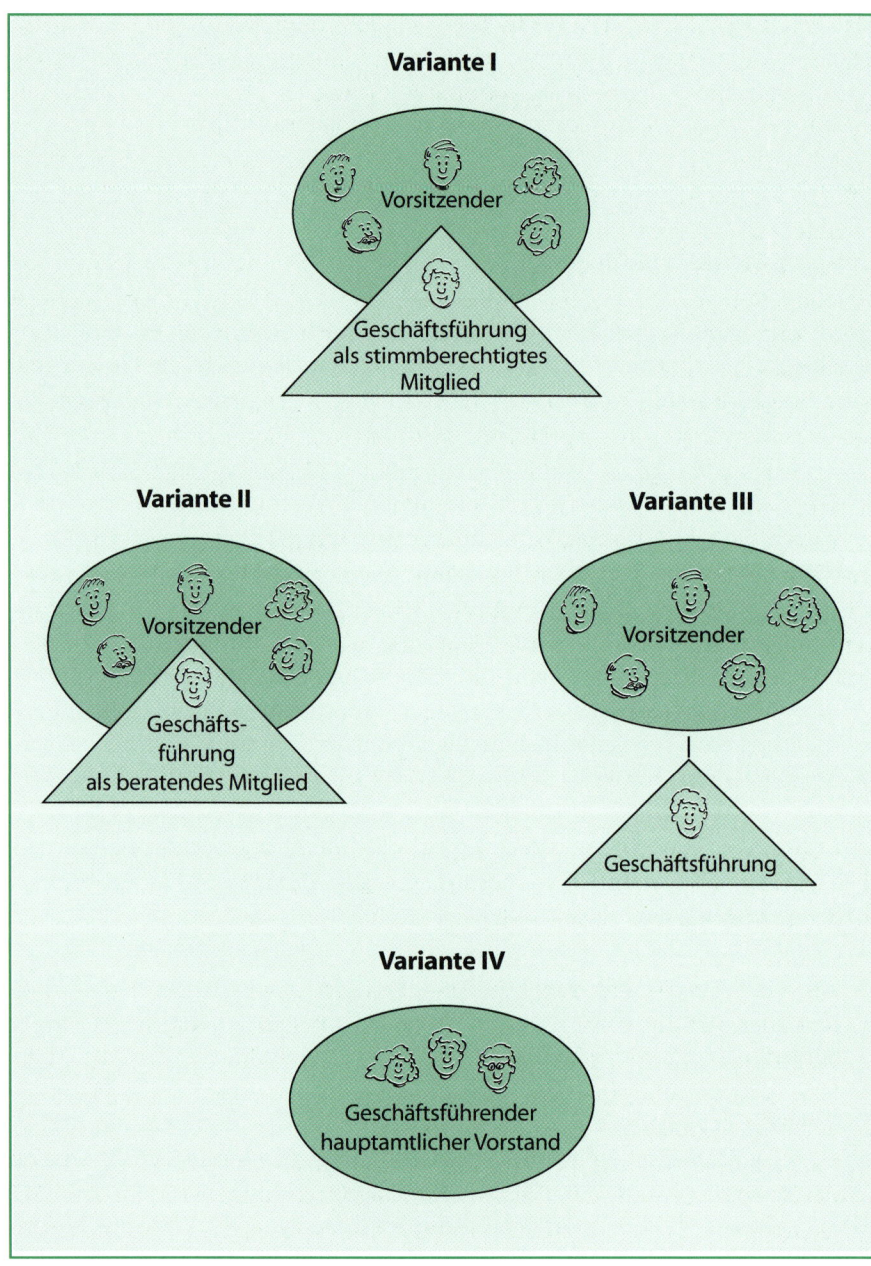

Das Vereinsrecht lässt viele Gestaltungsmöglichkeiten zu, ob und bei welchen Themen die Geschäftsführung im Vorstand mitentscheidet. Diese Gestaltungsmöglichkeiten haben sich als sinnvoll erwiesen, da je nach Mitgliederzahl, Vereinszweck, Geschichte und Entwicklungsstand der Organisation eine andere Form angemessen ist. Welche Form ein Verein wählt, hängt in der Regel sehr viel mehr von den Vorlieben und Absichten der Mitglieder ab als von rechtlichen Vorgaben.

Das Vereinsrecht lässt Gestaltungsmöglichkeiten zu

Die jeweilige Regelung geht aus der Satzung hervor. Wie Vorstand und Geschäftsführung sich darüber hinaus die Arbeit teilen, ist häufig in einer Geschäftsordnung formell festgelegt: Satzung oder Geschäftsordnung können beispielsweise vorsehen, dass die Geschäftsführung nur bei spezifischen Fragestellungen mitentscheidet und ansonsten den Vorstand berät. In manchen Vereinen ist es so geregelt, dass im Vorstand grundlegende Fragestellungen nicht entschieden werden dürfen, bevor nicht die Meinung der Geschäftsführung oder spezieller Gremien gehört wurde.

Unabhängig davon, wie das Verhältnis der Geschäftsführung zum Vorstand durch die Satzung geregelt ist, kann ihr persönlicher Einfluss entweder sehr groß oder eher unbedeutend sein. Nicht selten haben Geschäftsführungen mit ausschließlich beratender Funktion mehr Einfluss als stimmberechtigte.

Strukturelle Gefahren

Das Verhältnis zwischen Vorstand und Geschäftsführung ist unabhängig von den konkret beteiligten Personen relativ konfliktträchtig. Dazu tragen folgende strukturell bedingte Faktoren bei:

❖ Zwischen Geschäftsführung und Vorstand gibt es in der Regel Unterschiede in der beruflichen Erfahrung und im Umgang mit Leitungs- und Steuerungsfragen. Diese Diskrepanzen in der Professionalität sind ein Konfliktfeld mit unerschöpflichem Zündstoff in Organisationen, die von ehrenamtlichen Vorständen geleitet werden.

❖ Das Selbstverständnis, das die Vorstandsmitglieder haben, wirkt sich auf die Kooperation mit der Geschäftsführung förderlich oder hinderlich aus. Glauben sie als Vertreter einzelner Interessengruppen gewählt worden zu sein oder als Personen, von denen erwartet wird, die Interessen des Gesamtvereins besonders gut im Auge zu behalten?

❖ Persönliche Interessen, die die Vorstandsmitglieder veranlassen, sich zu engagieren, prägen die Kooperation ebenso wie der Zeitumfang, den sie einbringen können.

❖ Freundschaften oder Feindschaften zwischen Vorstandsmitgliedern und Geschäftsführung wirken sich im alltäglichen Geschäft natürlich auch erleichternd oder behindernd aus.

❖ Die generelle Situation des Vereins spielt eine Rolle: In Zeiten des Umbruchs oder in Krisenzeiten, in denen es Konflikte um Finanzprobleme, Grundwerte, Fragen der internen Machtverteilung oder Mitgliederschwund gibt, werden selbst die freundschaftlichsten Kooperationsverhältnisse zwischen Vorstand und Geschäftsführung belastet.

Genaue Arbeits-
absprachen

Um angesichts dieser schwierigen Verhältnisse sich das Leben nicht zusätzlich schwer zu machen und zu einer guten Form der Zusammenarbeit zu kommen, sind sorgsame Arbeitsabsprachen nötig. Eine Reihe von Reibungspunkten in der Zusammenarbeit lassen sich kaum durch generelle Arbeitsabsprachen lösen, sondern nur durch Gespräche im Verlauf des laufenden Geschäfts. Solche Reibungspunkte werden in den Wünschen deutlich, die Geschäftsführungen an ihre Vorstandsmitglieder haben. Das zeigte auch eine Befragung von acht Geschäftsführungen aus ganz verschiedenen Vereinen:

❖ »Die Vorstandsmitglieder sollten sich kritisch, konstruktiv und dauerhaft mit den Vereins- und Vorstandsangelegenheiten befassen.« »Weniger Statements und Glaubensbekenntnisse und mehr Unterstützung, Beratung und Zusammenarbeit!«

❖ »Der Vorstand soll sich weder von aufgeblasenen Papieren noch Reden blenden lassen, sondern mit ›gesundem Menschenverstand‹ die Vereinsangelegenheiten eigenständig bewerten.«

❖ »Klare Rollendefinition! Was will und soll der Vorstand an Arbeit selbst machen, was soll Aufgabe der Geschäftsführung sein?« »Der Vorstand sollte sich aus dem operativen Alltagsgeschäft heraushalten.« »Die Geschäftsführung sollte in der Geschäftsstelle eine eindeutige Führungsrolle haben, die auch von den Vorstandsmitgliedern respektiert wird« »Wünsche nach Information sollten der Geschäftsführung gesagt werden!«

❖ »Nicht so viele Entscheidungen vertagen! Mehr Klarheit, Konkretheit und Konsistenz von Entscheidungen würde ich mir wünschen! Die Halbwertzeit von Entscheidungen sollte nicht nur drei Monate betragen!« »Wie bringe ich meinen Vorstandsvorsitzenden dazu, eindeutig Stellung zu beziehen und deutlich Verantwortung zu übernehmen?«

❖ »Wenn sich Vorstandsmitglieder auf Sitzungen doch nur vorbereiten würden!« »Sitzungen und Projekte sollten zwischen Geschäftsführer und Vorstandsvorsitzendem vorbesprochen werden und dann auch so umgesetzt werden. Die Tagesordnung nicht kurz vor der Sitzung fortlaufend ändern! Nicht so viele Tischvorlagen in den Sitzungen!«
❖ »Der Vorstand sollte sich an vereinbarte Zeitvorgaben halten.«

Um die Zusammenarbeit von solchen zusätzlichen Spannungen möglichst frei zu halten, helfen regelmäßige Gespräche über den Zustand der Zusammenarbeit, wie sie am Ende von Kapitel drei beschrieben werden (s. S. 69). Solide Verabredungen über die Arbeitsverteilung unter den Vorstandsmitgliedern und mit Geschäftsführung und Gremien sind eine Voraussetzung dafür, dass solche Gespräche und Resümees zum Erfolg führen.

Regelmäßige Gespräche helfen

Verteilung der Aufgaben und Entscheidungskompetenzen

Die Arbeitsteilung zwischen Geschäftsführung und Vorstand wird durch ein gemeinsam abgesprochenes Konzept erleichtert. Häufig existiert aber ein solches Konzept nicht. Viele Vorstände übersehen, dass die Kooperation zwischen Vorstand und Geschäftsführung ein Bereich ist, den die beteiligten Personen miteinander verhandeln und verabreden müssen. Es gibt kein Gesetzbuch, in dem die Zusammenarbeit ein für alle Mal geregelt ist. Je nach personeller Besetzung des Vorstands und der Geschäftsführung ist die Form des Zusammenwirkens sogar von Wahl zu Wahl neu zu strukturieren.

Konzept erstellen

Welche Formen der Arbeitsteilung zwischen Vorstand und Geschäftsführung praktisch sind, hängt neben den Vorgaben der Satzung von dem professionellen Erfahrungshintergrund der Vorstandsmitglieder und noch viel entscheidender von ihren persönlichen Vorlieben ab:

❖ Manche Vorstände meinen, alles bestimmen zu müssen. Über die Farbe der neuen Stühle bis hin zur Regenrinne des Vereinsgebäudes – über alles wollen sie mitreden. Bei diesem Arbeitsstil haben die Vorstände eine extrem hohe Arbeitsbelastung.
❖ Andere Vorstände gehen dagegen davon aus, dass die wesentliche Arbeit von der Geschäftsführung zu leisten ist, da sie selbst ja ehrenamtlich tätig sind. Sie stimmen allen Vorschlägen der Geschäftsführung durchgängig vertrauensvoll zu und verstehen sich hauptsächlich als Berater der Geschäftsführung.

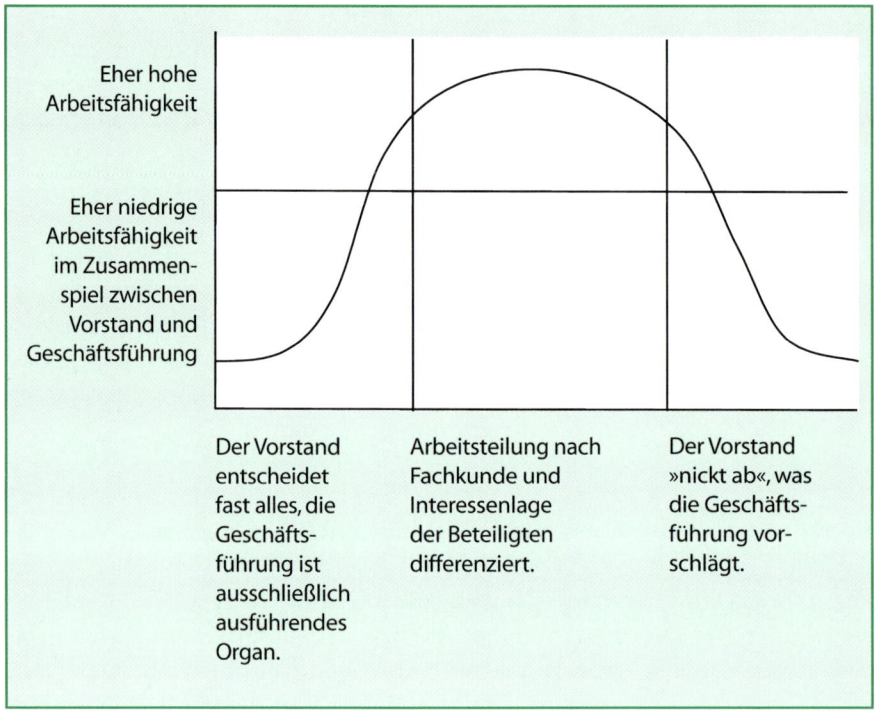

Eher hohe
Arbeitsfähigkeit

Eher niedrige
Arbeitsfähigkeit
im Zusammen-
spiel zwischen
Vorstand und
Geschäftsführung

Der Vorstand
entscheidet
fast alles, die
Geschäfts-
führung ist
ausschließlich
ausführendes
Organ.

Arbeitsteilung nach
Fachkunde und
Interessenlage
der Beteiligten
differenziert.

Der Vorstand
»nickt ab«, was
die Geschäfts-
führung vor-
schlägt.

Zwischen diesen beiden Polen bewegen sich die Vorstellungen, die Vorstandsmitglieder von der Zusammenarbeit mit der Geschäftsführung haben. Für die erfolgreiche Bewältigung der Aufgaben von Vorstand und Geschäftsführung empfiehlt sich ein Modell, das zwischen den beiden genannten Polen liegt. Eine gut funktionierende Zusammenarbeit erkennt man an folgenden Merkmalen:

❖ Die Arbeitsatmosphäre zwischen Geschäftsführung und Vorstand ist relativ entspannt.
❖ Es gibt eine differenzierte Form der Arbeitsteilung verbunden mit der Übertragung von entsprechenden Verantwortungsbereichen.
❖ Es gibt ein abgestuftes System von Entscheidungskompetenzen, das in einer Geschäftsordnung festgeschrieben ist.
❖ Zwischen Vorstandsvorsitzendem und Geschäftsführung finden auch außerhalb der Vorstandssitzungen Abstimmungen statt.
❖ Das Macht- und Meinungsgefüge im Vorstand ist beweglich: Von Thema zu Thema können sich Mehrheiten und Koalitionen im Vorstand ändern.

Um zu so einer differenzierten und entspannten Zusammenarbeit zu kommen, sind meist mehrere Schritte nötig. Nicht jeder Plan, der den Beteiligten zunächst sinnvoll erschien, erweist sich im Alltag als praktikabel. Eine gute Form für die Zusammenarbeit lässt sich nur gemeinsam entwickeln. Einen Vorschlag, wie Arbeitsteilung und Verabredungen gut gelingen, finden Sie am Ende dieses Kapitels.

Kooperation mit Gremien

Entscheidungs-, Beratungs- oder Kontrollgremium?

Gremien haben die Aufgabe, die Vorstandsarbeit zu kontrollieren, den Vorstand zu beraten oder mitzuentscheiden. Je nach Aufgabenstellung haben sie

❖ Steuerungs- und Entscheidungsfunktion,
❖ Beratungsfunktion,
❖ Kontrollfunktion.

Wie im Verhältnis zwischen Geschäftsführung und Vorstand kann der persönliche Einfluss einzelner Mitglieder oder das Macht- und Informationsgefälle zwischen haupt- und ehrenamtlichen Mitarbeitern die Bedeutung eines Gremiums stärken oder schwächen.

Entscheidungsgremien   *Entscheidungsgremien* sind Ausschüsse oder Arbeitsgruppen, die vom Vorstand, von der Mitgliederversammlung oder von einer Delegiertenversammlung eingesetzt werden. Solche Ausschüsse haben spezifische Aufgaben mit dazugehörigen Entscheidungskompetenzen. Sie arbeiten dem Vorstand zu und müssen in der Regel ihre Beschlüsse mit dem Vorstand abstimmen. Mitglieder solcher Gremien sind meist Personen, die einerseits besondere Fachkunde einbringen und andererseits relativ einflussreich sind.

In Nordelbischen Kirchenkreisen ist ein Finanzausschuss für alle Propsteien durch die Satzung der Landeskirche vorgeschrieben. Er hat die Aufgabe, die Finanzen zu verwalten. Alle Ausgaben des Kirchenkreises müssen sowohl vom Kreisvorstand als auch von dem Finanzausschuss bewilligt werden. Er wird von der Delegiertenversammlung eingesetzt.

Entscheidungsgremien sind in der Gefahr, sich zu verselbstständigen und zum Vorstand in Konkurrenz zu treten. Dies ist besonders dann der Fall, wenn solche Ausschüsse von der Mitgliederversammlung eingesetzt werden. Dann kann es passieren, dass sich die Ausschussmitglieder auch nur der Mitgliederversammlung gegenüber verantwortlich fühlen und in Konfliktfällen eine Gegenmacht zum Vorstand bilden. Derartige gegeneinander strebende Beziehungen führen häufig dazu, verdeckte Entmachtungsstrukturen zu etablieren. Sie fördern untergründige Revierkämpfe und behindern die Lösung von Konflikten eher als dass sie sie fördern.

Beratungsgremien haben die Aufgabe, den Vorstand, die Mitgliederversammlung, eine Delegiertenversammlung oder einzelne Fachbereiche bei ihrer Arbeit fachlich zu beraten. Sie können auch von sich aus Empfehlungen abgeben. Mitglieder von Beratungsgremien sollten in erster Linie über besondere Fachkunde verfügen. Das klassische Beratungsgremium heißt Beirat oder Fachausschuss. Beiräte oder beratende Ausschüsse können satzungsgemäß vorgesehen sein. Sie können aber auch auf begrenzte Zeit vom Vorstand oder der Mitgliederversammlung eingesetzt werden. Sie sollten einen präzise formulierten, zeitlich begrenzten Arbeitsauftrag bekommen, aus dem hervorgeht, wem sie in welchen Fragen bis wann zur Seite stehen.

Beratungsgremien

Beiräte werden vielfach zur ehrenamtlichen Beratung von hauptamtlichen Mitarbeitern in einzelnen Tätigkeitsbereichen eingesetzt. Solche Beiräte haben neben ihrer fachkundigen Beratung die verdeckte Funktion, Planungen der hauptamtlichen Mitarbeiter entweder besondere Bedeutung zu verleihen und sie so machtpolitisch abzusichern oder die jeweils zuständigen Mitarbeiter in der Durchführung ihrer Arbeit zu kontrollieren.

Der Bundesverband eines Freien Wohlfahrtsverbandes hat neben seinem Vorstand einen Fortbildungsausschuss, der an den Vorstand berichtet. Die hauptamtliche Fortbildungsreferentin ist Mitglied dieses Ausschusses. Indem der Ausschuss über die Konzepte berät, die die Fortbildungsreferentin erarbeitet hat, sind ihre Konzepte leichter im Vorstand und in der Delegiertenversammlung durchzusetzen.

Der Bundesvorstand beschließt zum Beispiel, die Vorstandsmitglieder der Landesverbände und die Geschäftsführer ihrer Einrichtungen sollten ein klareres und einheitlicheres Bild von ihren Leitungsaufgaben und ihrem Leitungsstil entwickeln. Er beauftragt den Ausbildungsausschuss:

❖ *Der Ausbildungsausschuss soll sich ein Bild machen, was andere Vereine in diesem Feld tun und welche Konzepte Wirtschaftsunternehmen nutzen, die mit einem über Deutschland verteilten Netz von relativ autonom tätigen Filialen oder Niederlassungen arbeiten.*

❖ *Der Ausbildungsausschuss soll dem Bundesvorstand drei Vorgehensweisen vorschlagen und ein Konzept für einen Pilotworkshop entwickeln.*

❖ *Der Bundesvorstand möchte in seiner Sitzung in einem halben Jahr die Ergebnisse berichtet bekommen.*

Dem Fortbildungsausschuss werden diese Arbeitsaufträge von der Fortbildungsreferentin übermittelt und in schriftlicher Form vorgelegt. Die Vorstandsmitglieder haben den Auftrag auch in ihren Unterlagen. Auf diese Weise können sich alle Beteiligten auch zwischen den Sitzungen gut orientieren, ohne erst in Protokollen herumzusuchen.

Bei der Arbeit merken die Ausschussmitglieder, das sie die Arbeit in dem vorgegebenen Zeitraum nicht ganz schaffen werden. Sie müssen also mit dem Vorstand über mehr Zeit verhandeln oder ein noch unfertiges Ergebnis präsentieren. Die Ausschussmitglieder, die zum Teil erfahrene Fortbildner sind, entscheiden sich für den zweiten Weg. Sie haben die Vermutung, dass viele der Vorstandsmitglieder die Schwierigkeiten, die mit einem solchen Fortbildungsvorhaben immer einhergehen, nicht ganz überblicken und darum unrealistisch planen. Sie möchten daher die Chance nutzen, dem Vorstand etwas von den ganz normalen Hürden, die bei einer solchen Planung bewältigt werden müssen, zu erläutern, um dann zu einer realistischeren Absprache über die weitere Zusammenarbeit in dieser Angelegenheit zu kommen.

Kontrollgremien

Kontrollgremien haben die Aufgabe, die Vorstandsarbeit zu kontrollieren. Ihre Aufgaben sind in der Regel in der Satzung verankert. Die Mitglieder werden von der Mitgliederversammlung oder von einer Delegiertenversammlung gewählt oder von Mitgliedsverbänden entsandt. Die häufigsten Namen für solche Gremien sind Aufsichtsrat oder Kuratorium.

Ein Kuratorium war sehr erschrocken, als es plötzlich von der Stadt eine Geldforderung über mehrere hunderttausend Mark erhielt. Die Stadt forderte die öffentlichen Gelder zurück, die in den letzten zehn Jahren für die Instandhaltung von Gebäuden gewährt worden waren. An den Gebäuden war allerdings nichts gemacht worden. Dieses Gremium war ganz offensichtlich schlecht informiert und hatte über Jahre seine Kontrollverantwortung vernachlässigt.

Aufsichtsräte oder Kuratorien werden häufig mit dem Interesse eingerichtet, externen Geldgebern oder einflussreichen Personen des öffentlichen Lebens in eingeschränktem Rahmen Einfluss auf die Arbeit des Vereins einzuräumen, ohne ihnen dadurch Zugang zu den inhaltlichen Gestaltungs- und Steuerungsaufgaben des Vorstands zu geben. In manchen Fällen haben sie zeitlich begrenzte Aufgaben: Wenn sie zum Beispiel eingerichtet worden sind, um ausschließlich die Besetzung des hauptamtlichen Vorstands oder die Geschäftsführung zu bestimmen.

Kooperation zwischen Vorstand und Ausschüssen

Gremien, die kein klares Verständnis von ihren Aufgaben haben, tendieren dazu, ihre formelle Bedeutung für Entscheidungsprozesse höher einzuschätzen als sie ihrem Auftrag entspricht. Dabei unterschätzen sie leicht ihre wirklichen Handlungsspielräume und ihre tatsächliche Bedeutung für Meinungsbildungsprozesse. Dazu tragen folgende Arbeitspraktiken bei:

Handlungsspielräume werden unterschätzt

❖ In vielen Vereinen ist es unüblich, Arbeitsaufträge für Gremien schriftlich zu formulieren. Satzung oder Geschäftsordnung definieren ihren Zuständigkeitsbereich meist nur sehr global.

❖ Auch für zeitweise eingesetzte Arbeitsgruppen sind konkrete Arbeitsaufträge in der Regel nur dem Protokoll der jeweiligen Sitzung in recht knapper Form zu entnehmen.

❖ Zeitliche Vorgaben für die Erfüllung von Arbeits- oder Beratungsaufträgen fehlen meist völlig. Das gilt auch für die finanziellen und zeitlichen Ressourcen, die für die Erfüllung eines Arbeitsauftrages nötig sind.

❖ Es ist nicht üblich, zu Beginn eines umfangreicheren Arbeitsauftrages eine Berichtstruktur und einen Zeitplan festzulegen. Und wenn es sie gibt, werden sie häufig stillschweigend außer Kraft gesetzt, wenn das zuarbeitende Gremium mehr Zeit braucht. Verlässliche Absprachen würden sicherstellen, dass Vorstand und Ausschuss gerade auch dann miteinander im Gespräch bleiben, wenn die Arbeit sich als schwieriger oder zeitaufwändiger erweist als ursprünglich angenommen.

Oft genug bestimmen der Beirat, das Kuratorium oder ein Ausschuss selbst, worin ihre jeweilige Arbeit besteht. Gewählt werden Themenbereiche, in denen die Beiratsmitglieder oder Aufsichtsräte gern Einfluss gewinnen würden. Eine Rückkoppelung mit dem Vorstand findet vielfach nicht statt. So kommt es, dass ganze Versammlungen von Leuten fleißig vor sich hinarbeiten, ohne dass irgendjemand im Vorstand davon weiß.

Für Mitglieder von Gremien ist die Kooperation mit dem Vorstand häufig enttäuschend. Besonders engagierte Mitglieder von Ausschüssen und Beiräten versuchen den absehbaren Enttäuschungen zuvorzukommen: Aus der Befürchtung heraus, dass ihre Arbeitsergebnisse nicht ausreichend gewürdigt werden, überbetonen sie die Bedeutung ihrer Arbeit. Vielfach wird dabei nicht mehr bedacht, dass ein gut gemeinter Rat auch aus gutem Grund verworfen werden kann. Dies kann ein sinnvolles Ergebnis von Beratungsarbeit sein.

Rückmeldungen vom Vorstand, wie er mit den Ratschlägen des Gremiums umgegangen ist, sind meist spärlich. So bleiben Ausschuss- oder Beiratsmitglieder auf ihre Fantasien oder auf informelle Gespräche angewiesen. Die Vermutung, dass die Ergebnisse eines Ausschusses, die sich nicht sichtbar in entsprechenden Entscheidungen niederschlagen, leichtfertig in den Wind geschlagen wurden, liegt für viele nahe, wenn sie nicht genauer über die Auswirkung ihrer Beratung informiert werden. So kann es passieren, dass ein Vorstand die Arbeit eines Gremiums entwertet, ohne dass irgendein Vorstandsmitglied sich dessen bewusst geworden wäre.

Personalentwicklung für die Gremienbesetzung

Die Beratung von ehrenamtlichen Mitarbeitern und freiwilligen Helfern, wie sie ihre Zeit und Energie am besten im Verein einsetzen können, ist eine Aufgabe, für die in den meisten Vereinen weder ein Mitglied des Vorstands noch eine hauptamtliche Führungskraft zuständig ist. Mitglieder von Ausschüssen und Beiräten nehmen ihre Arbeit sehr ernst und verbinden damit Hoffnungen und Wünsche für das Vereinsleben und dessen Zukunft. Wenn das nicht so wäre, würden sie ihre Freizeit anders verbringen. Wenn sich aber niemand für ihre persönlichen Fähigkeiten und Interessen interessiert und die Ergebnisse ihrer Arbeit brachliegen, dann werden sie resignieren und zunehmend demotivierter sein.

Der Verlust von Mitgliedern, deren Engagement auf diese Weise zerstört wird, mag in Zeiten wachsender Mitgliederzahlen zu verschmerzen sein. Jedenfalls glauben das Vorstände und Mitglieder häufig. Mancher mag das auch für eine besonders elegante Form halten, unliebsame Mitglieder los zu werden. Bei genauerer Überlegung ist engagierten Vorstandsmitgliedern jedoch klar, dass sich auf diese Weise häufig gerade diejenigen Mitglieder aus der aktiven Vereinsarbeit zurückziehen, die besonders nützliche berufliche Erfahrungen und persönliches Engagement einzubringen haben oder diejenigen, denen es gut gelingt, sozialen Schwung in das Vereinsleben zu bringen und damit seine Attraktivität zu erhöhen.

Evangelische Kirchengemeinden müssen auf Grund von Finanznöten die Anzahl ihrer hauptamtlichen Mitarbeiter reduzieren und sich zunehmend mehr auf die Arbeit von freiwilligen Helfern verlassen. Das hat im letzten Jahr selbst in Gemeinden, in deren Einzugsbereich eher sozial schwache Bevölkerungsgruppen wohnen, dazu geführt, dass mehr neue Mitglieder gewonnen werden konnten als in den vergangenen Jahren.

Die Erfahrung zeigt, dass einer der wichtigsten Wege zur Gewinnung von Mitgliedern gerade darin besteht, freiwilligen Helfern verantwortlich Aufgaben zu übertragen und sie bei der Bearbeitung zu beraten. Eine solche Aufgabe muss in kleinen Vereinen von einem Vorstandsmitglied wahrgenommen werden und in großen Vereinen von einem hauptamtlichen Mitarbeiter, der eng mit dem Vorstand zusammenarbeitet. In Wirtschaftsbetrieben heißt diese Tätigkeit »Personalentwicklung«. Es ist eine klassische Aufgabe von Führungskräften. In großen Betrieben gibt es zudem Spezialisten, die sich nur mit Fragen der Personalentwicklung beschäftigen und die Führungskräfte in diesem Bereich ihrer Arbeit beraten.

Verantwortlich Aufgaben vergeben

    Die personelle Besetzung von Beiräten und Gremien wird in der Regel als vereinsinternes Politikum betrachtet. Ob aber die Zusammensetzung eines Gremiums den Mitgliedern überhaupt erlaubt, eine arbeitsfähige Gruppe zu bilden, spielt dabei häufig keine sonderlich große Rolle. Das hat dazu geführt, dass gerade Beiräte in Verruf gekommen sind: In den meisten Vereinen wird von den Mitgliedern Beiratsarbeit oder die Tätigkeit in Ausschüssen als Zeitverschwendung angesehen. Sie haben vielfach in der Vergangenheit erlebt, dass Mitglieder sich in langwierige Diskussionen um Nichtigkeiten verstrickt haben, ohne zu merken, dass sie nicht sachliche Differenzen austrugen, sondern Schwierigkeiten in der Kooperation hatten. Machtpolitisch wache, engagierte Mitglieder und echte Fachleute hüten sich, sich in ein solches Gremium wählen zu lassen.

    Auch in Fragen der Zusammenarbeit können Personalentwickler helfen: Sie sind spezialisiert darauf, Arbeitsmethoden zur Verfügung zu stellen, die zu einer besseren Form der Zusammenarbeit führen. Außerdem kann ihre Arbeit vor den Wahlen dazu beitragen, dass Mitglieder in die Ausschüsse gewählt werden, die gute Voraussetzungen für eine produktive Zusammenarbeit mitbringen.

Regeln und Verfahren der Zusammenarbeit

Um den Dilemmata der Zusammenarbeit zwischen Vorstand und Gremien zu entgehen, müssen Arbeitsformen genutzt werden, wie sie für die Leitung von Projekten üblich sind:

❖ Gremien sollten, sofern sie nicht in der Satzung vorgeschrieben wurden, mit zeitlicher Begrenzung als Arbeitsgruppe eingesetzt werden. Dauerhaft eingerichtete Gremien sollten nur mit zeitlich begrenzten Arbeitsaufträgen arbeiten. Gibt es keine definierten Arbeitsaufträge, brauchen keine Sitzungen stattzufinden.

❖ Umfassendere Arbeitsaufträge sollten, nachdem sie zwischen allen Beteiligten persönlich ausgehandelt worden sind, mit einem abgestimmten und verbindlichen Zeitplan verschriftlicht werden.

❖ Nachdem sich ein Ausschuss oder eine Arbeitsgruppe in die Thematik des jeweiligen Arbeitsauftrages eingearbeitet und den Zeitplan zur Erledigung der Aufgabe erstellt hat, sollte eine zweite inhaltliche Verhandlungsrunde über Arbeitsauftrag und Zeitplanung stattfinden.

❖ Terminvereinbarungen für Zwischenberichte sollten bereits zu Beginn der Arbeit vereinbart und im Zeitplan vermerkt werden. (Meilensteintermine)

❖ Es muss abgestimmt werden, wer zu Zwischenberichtsterminen unter Umständen zusätzlich zu Vorstands- und Ausschussmitgliedern eingeladen wird. Das setzt alle Beteiligten unter einen sanften Druck, ihre Arbeitsergebnisse in eine päsentierbare Form zu bringen.

❖ Über den Zeitpunkt und die Form des Ergebnisberichts sollten ebenfalls zu Anfang Vereinbarungen getroffen werden.

❖ Es sollte vereinbart werden, dass die Ergebnisse weder vereinsintern noch nach außen veröffentlicht werden, bevor sie dem Vorstand dargestellt worden sind und dieser ein Konzept zur Veröffentlichung entwickelt hat.

❖ Der Vorstand verpflichtet sich, die Ergebnisse vereinsweit zu veröffentlichen und Stellung zu beziehen, wie er die Ergebnisse nutzen wird.

❖ Der Vorstand übernimmt die Aufgabe, sich eine Form der Danksagung auszudenken, die etwas fantasievoller sein sollte als eine Protokollnotiz.

Verhandlung der Arbeits- und Kompetenzverteilung

Zu Anfang ihrer Amtszeit sollten Vorstand, Geschäftsführung und Gremienmitglieder eine gemeinsame zweitägige Klausur zum Thema »Unsere Zusammenarbeit« planen. Der Vorstand lädt ein und ist Veranstalter.

In diesen beiden Tagen steht das Verhältnis zwischen Vorstand, Geschäftsführung und Gremien im Mittelpunkt der Aufmerksamkeit. Am Beispiel der in nächster Zukunft anstehenden größeren Themen oder Projekte werden Fragen der grundsätzlichen Arbeitsverteilung diskutiert. Das schafft einen guten gemeinsamen Ausgangspunkt für kurze Resümees zum Stand der Zusammenarbeit in der laufenden Vorstandsarbeit. Eine externe Moderation kann die Arbeit während der zwei Tage erleichtern. Der zeitliche Ablauf könnte folgendermaßen aussehen:

Erster Tag	
9.30 Uhr	Anreise
10.00 Uhr	Beginn: Alle Mitglieder des Vorstands, der übrigen Gremien und die Geschäftsführung stellen sich ausführlich vor. Dafür sind folgende Fragen vorgegeben: ❖ Was hat mich bewogen, dieses Amt zu übernehmen? ❖ Was tue ich beruflich oder privat, wenn ich nicht für diesen Verein tätig bin? ❖ Was kann ich besonders gut? Wie könnte das für die gemeinsame Arbeit nützlich sein?
11.30 Uhr	Pause
11.45 Uhr	Welche größeren Themen sollte der Vorstand im nächsten Jahr behandeln? Eine Vorbereitungsgruppe, die einige Wochen zuvor eingesetzt worden war, präsentiert ihr Ergebnis zu dieser Frage mit einer Wandzeitung. Diskussion und Ergänzung der Liste. Anschließend bekommt jeder der Beteiligten zwei Klebepunkte, die den Themen nach Wichtigkeit zugeordnet werden. Das Thema, das die meisten Punkte bekommen hat, wird am Nachmittag weiter bearbeitet.

12.30 Uhr	Mittagspause
14.30 Uhr	Es werden drei oder vier Arbeitsgruppen gebildet. Die Gruppen bearbeiten das festgelegte Thema parallel. Diese Arbeitsweise ist ein wichtiger Schutz gegen unrealistische Planungen, die gerade engagierten Leuten leicht unterlaufen. Die Arbeitsgruppen gehen folgenden Fragen zum Thema nach: ❖ Welche Vorarbeiten müssen geleistet werden, bevor das Thema im Vorstand diskutiert werden kann? Wer sollte diese Vorarbeiten übernehmen? Wie viel Zeit wird dafür nötig sein? ❖ In welchen Zeiträumen soll die Geschäftsführung dem Vorstand in welcher Form über den Fortgang der Arbeiten berichten? Wie kann ein konkreter Terminplan aussehen? ❖ In welcher Form soll das Thema im Vorstand diskutiert werden? Wer soll die Diskussion leiten? Wie viel Zeit soll eingeplant werden? Ist es sinnvoll, das Thema eventuell in zwei oder drei Etappen im Vorstand zu diskutieren? Sollen fachkundige Experten eingeladen werden? Sollen für die Umsetzung wichtige Personen oder Gruppierungen an der Diskussion beteiligt werden? ❖ Welches Vorstandsmitglied überwacht am Ende die Umsetzung durch Rücksprache mit der Geschäftsführung und mit Projekt- oder Arbeitsgruppenleitungen?
15.30 Uhr	Pause
16.00 Uhr	Vorstellung der Ergebnisse aus den Arbeitsgruppen. Nach jeder Präsentation können Verständnisfragen gestellt werden. Es wird noch keine inhaltliche Diskussion geführt. Anschließend erfolgt eine Kartenabfrage: Was hat mir gut gefallen? An welchen Punkten habe ich Zweifel, ob es realisierbar ist? Was würde ich anders machen? Kurze Pause für die Sortierung der Karten. Anschließend Diskussion der Vorgehensweisen unter der Fragestellung: »Vor- bzw. Nachteile des jeweiligen Vorgehens?«
18.30 Uhr	Abendessen
Zweiter Tag	
9.00 Uhr	Rückblick auf die Arbeit des gestrigen Tages: Wie ist die Stimmung? Was war interessant oder anregend? Gab es Punkte, die noch nicht ausreichend diskutiert worden sind? Welche neuen Fragen zur Zusammenarbeit von Geschäftsführung, Gremien und Vorstand haben sich ergeben?
10.00 Uhr	Welche Grundprinzipien der Zusammenarbeit sind in den Planungsschritten der drei Gruppen deutlich geworden? Es folgt eine offene Diskussion. Die Prinzipien, die genannt werden, werden von der Diskussionsleitung am Ende auf einer Wandzeitung festgehalten.

10.45 Uhr	Pause
11.00 Uhr	Welche der Themen, die von der Vorbereitungsgruppe am Vortag aufgelistet wurden, sollen im nächsten Jahr zu welchem Zeitpunkt in Angriff genommen werden? In kleinen Gruppen zu zweit oder dritt werden jeweils die drei wichtigsten Themen ausgewählt und auf Karten geschrieben. Präsentation der Ergebnisse aus den Kleingruppen. Anschließend wird gemeinsam ein Zeitplan für die Bearbeitung der Themen gemacht. Mit den am häufigsten genannten Themen wird angefangen. Die Vorstandssitzungen für das nächste Jahr werden zeitlich geplant und terminlich festgelegt. Dabei wird auch bestimmt, wie viel Zeit während der Vorstandssitzungen für Aktuelles und Unvorhergesehenes eingeplant werden soll. Die Mitglieder der übrigen Gremien legen ebenfalls ihren Sitzungsplan fest. (Spätestens bei diesem Arbeitsschritt wird es sich zeigen, ob alle Beteiligten sich zu viel vorgenommen haben.)
12.30 Uhr	Mittagessen
13.30 Uhr	Im Plenum oder in Kleingruppen werden Lösungsmöglichkeiten erarbeitet, um die bereits in der Planung absehbare Überlastung aller Beteiligten zu vermeiden.
14.30 Uhr	Abschlussplenum: Welche Fragen sind offen geblieben? In welcher der nächsten Vorstandssitzungen sollen sie geklärt werden? Abschlussfeedback zur Klausur
15.30 Uhr	Ende der Tagung

Fragen zur Zusammenarbeit mit Geschäftsführung und Gremien

Wie viele dauerhaft eingesetzte Gremien gibt es in Ihrem Verein? An wen berichten diese Gremien?

_____

_____

_____

Gibt es im Vorstand jemanden, der Ansprechpartner für die Gremien ist? Wenn nein, wer könnte das übernehmen?

_____

_____

_____

Gibt es Leute, die mehreren Gremien angehören oder verhindert Ihre Satzung Ämterhäufung?

_____

_____

_____

Welche Fortbildungsangebote gibt es speziell für ehrenamtliche Gremienmitglieder?

_____

_____

_____

Wie wollen Sie mit Beschwerden von Mitgliedern oder hauptamtlichen Mitarbeitern über die Geschäftsführung umgehen? Gibt es ein allen bekanntes Verfahren?

_____

_____

_____

Hat die Geschäftsführung bei ihrer Arbeit genügend Unterstützung durch den Vorstand? Wenn nein, was kann verbessert werden?

_____

_____

_____

Kapitel 6:
Innovationsmanagement
Die Lenkung von Vereinen

»Meiner Erfahrung nach ist das Interesse, Projekte oder Beschlüsse in ihrer Umsetzung zu verfolgen oder auch nur die Schwierigkeiten der Umsetzung verstehen zu wollen, höchstens bei fünf bis zehn Prozent der ehrenamtlichen Vorstandsmitglieder vorhanden. Den meisten ist die genaue Befassung mit den Dingen zu langatmig.« (Ein hauptamtliches Vorstandsmitglied)

Hätten die Mitglieder eines Vereins nicht ähnliche Interessen, Träume und Utopien, wären sie nicht im selben Verein. Ob aber jeder einen anderen Traum im Verein verwirklichen will oder ob man sich auf gemeinsame Zukunftsentwicklungen einigen kann, das macht den ganz entscheidenden Unterschied: Die Einigung auf gemeinsame Vorstellungen ist die Voraussetzung für jede Innovation. Will der Vorstand eines Vereins die Zukunft ins Blickfeld nehmen, so muss er für folgende drei Fragen eine Lösung finden:

❖ Wie gelingt es uns als Vorstand, im Dialog mit den Mitgliedern und Mitarbeitern ein tragfähiges Bild von der Zukunft des Vereins zu entwickeln?

Für jedes Ziel gibt es viele Wege, auf denen es zu erreichen ist. Es ist also die Frage, welchen der vielen Wege man gemeinsam beschreiten möchte. Vereine gleichen in diesem Punkt großen Wandergruppen, die über ihre Ziele und den Weg dorthin frei entscheiden können. Wer jemals mit zehn Leuten wandern war, weiß, wie langwierig solche Entscheidungsprozesse sein können, wenn sich unterwegs ein Weg als nicht so gut begehbar erweist oder ein Teil der Gruppe merkt, dass er seine Kräfte überschätzt hat.

Einen Verein zu lenken, heißt Einigkeit über die Zielvorstellungen herzustellen und Einigkeit über den Weg, den man gemeinsam dorthin beschreiten will. Es stellt sich also die Frage:

❖ Wie gelingt es uns als Vorstand, uns mit Mitgliedern und Mitarbeitern über den Weg zu einigen?

Sind Ziel und Weg festgelegt, stellt sich schließlich für die Verwirklichung der Zielvorstellungen noch folgende Frage:

❖ Wie gelingt es uns als Vorstand bei unvorhergesehenen Schwierigkeiten auf dem Weg, uns kurzfristig über die notwendigen nächsten Schritte immer wieder so zu einigen, dass wir weiter aus einer gemeinsamen Überzeugung heraus handeln können und dass dies für die Mitglieder verständlich bleibt.

Um die Lösung dieser drei Fragen geht es in diesem Kapitel.

Zukunftsszenarien für Vereine

Visionen und Zukunftsszenarien bilden die Grundlage, um konkrete Ziele für die Vorstandsarbeit zu formulieren. Die meisten aktiven Mitglieder haben Vorstellungen von der Zukunft des Vereins. Diese Vorstellungen, die nicht immer ganz genau definiert sind, stellen sicher, dass im Alltagsgeschäft selbst bei kontroversen Ansichten solide Mehrheitsbeschlüsse zu Stande kommen und gemeinsames Handeln möglich ist.

Zukunftsvorstellungen überprüfen

Von Zeit zu Zeit müssen diese kollektiven Zukunftsvorstellungen überarbeitet und verändert werden. Das geschieht mit jedem Meinungsbildungs- und Entscheidungsprozess im Verein: In jeder Diskussion um Sachthemen werden zugleich die weitgehend unausgesprochenen Werte, Grundideen und Träume mitverhandelt und dadurch überprüft und präzisiert. Im Abstand von drei bis fünf Jahren aber sollten Vorstand und Mitglieder den Blick schwerpunktmäßig auf die langfristigen Ziele und Vorhaben des Vereins richten, um diese gegebenenfalls neu festzulegen.

Im Abstand von drei bis fünf Jahren langfristige Ziele überprüfen

Für die Entwicklung von Zukunftsszenarien gibt es eine ganze Reihe von Vorgehensweisen (Königswieser 2000). Manche Vorgehensweisen sind eher für kleine Vereine günstig, andere sind passender für große Vereine. Alle Vorgehensweisen folgen in etwa den gleichen Grundprinzipien und Interessen:

❖ Die Entwicklung von Zukunftsvorstellungen sollte dialogisch als Verständigungs- und Beratungsprozess zwischen Vorstand, Mitgliedern, Gremien und hauptamtlichen Führungskräften angelegt werden.
❖ Für ein lebhaftes Vereinsleben sollten weitere Kreise als nur die formellen Gremienmitglieder beteiligt werden.
❖ Es wird immer folgenden vier Fragen nachgegangen:
  – Was war bisher gut?
  – Was ist bisher nicht so gut gelaufen?
  – Was tun die anderen in unserem Feld?
  – Was nehmen wir uns für die nächsten ein bis zwei Jahre vor?
❖ Die Beteiligten entwickeln und diskutieren ihre Zukunftsvorstellungen in Arbeitsgruppen und bringen sie zu Papier. Diese werden dem Vorstand und interessierten Mitgliedern präsentiert und erläutert.

❖ Der Vorstand ist für die Konzeption und Leitung dieses Verständigungsprozesses verantwortlich. Er hat die Aufgabe, die vorgetragenen Zukunftsvorstellungen zusammenzufassen und im Verein zu veröffentlichen. Am Ende des Beratungsprozesses legt er der Mitgliederversammlung ein, zwei oder maximal drei ausgearbeitete Szenarien zur Entscheidung vor.

❖ Wenn die grundsätzliche Zukunftsausrichtung des Vereins für die nächste Zeit feststeht, sorgt der Vorstand dafür, dass konkrete Ziele vereinbart und verfolgt werden.

In Kapitel 3 finden Sie ein Verfahren zum Konkretisieren von Zielen (s. S. 51 ff). Dieses Verfahren ist in kleinen Vereinen, in denen nicht mehr als 20 Personen an einem solchen Prozess beteiligt werden müssen, auch dafür geeignet, eine gemeinsame Grundvorstellung von der Zukunft des Vereins zu entwickeln. Die folgenden Vorgehensweisen sind eher für größere Vereine geeignet.

Beratungsprozess über die Zukunft eines Vereins

Zukunftsplanung für einen größeren Verein

In einem Verein, zu dem sich fünf Fraueninitiativen zusammengeschlossen haben, soll ein gemeinsames Zukunftskonzept entwickelt werden. Die Fraueninitiativen haben sich in der Vergangenheit für unterschiedliche Fragestellungen engagiert: Eine Initiative hat sich mit Frauenbildung beschäftigt. Eine andere hat sich hauptsächlich um Mädchen und Frauen gekümmert, die misshandelt worden sind. Die dritte Initiative hat seit Jahren ein Archiv mit Frauenliteratur aufgebaut. Die vierte hat in der Vergangenheit Lebensverhältnisse von Frauen erforscht und eine weitere Initiative hat Drogenarbeit für Frauen gemacht. Insgesamt arbeiten 30 Frauen hauptberuflich für den Verein. Es gibt ungefähr fünfzig Mitglieder. In den zwei Jahren seines Bestehens hat sich gezeigt, dass es über die Öffentlichkeitsarbeit immer wieder unter den Mitgliedern zu Auseinandersetzungen kommt. Der Vorstand schlägt folgendes Verfahren vor:

❖ *Es wird eine Vorbereitungsgruppe eingesetzt, die Material zu folgenden Fragestellungen sammelt: Welche Beschwerden sind in der Vergangenheit geäußert worden? Wer sind unsere erfolgreichsten Konkurrenten? Wie machen sie ihre Öffentlichkeitsarbeit? Welche Strategien verfolgen Fraueninitiativen und andere Anbieter?*

❖ *Es findet eine Arbeitstagung über einen Tag statt, an der die Vorstandsfrauen, einige aktive Mitgliedsfrauen und aus jedem der fünf Bereiche drei Mitarbeiterinnen teilnehmen. Während dieses Tages wird die Zukunft des Vereins diskutiert. Am Ende des Tages werden drei Arbeitsgruppen gebildet, die jeweils eines der diskutierten Zukunftskonzepte genauer ausarbeiten.*

❖ *Es findet eine zweite Arbeitstagung statt, an der die gleichen Frauen wie beim vorigen Mal teilnehmen. Es wird eine Empfehlung für den Vorstand erarbeitet.*

❖ *Der Vorstand stellt die generelle Richtung der Zukunftsplanung auf der nächsten Mitgliederversammlung vor und lässt darüber abstimmen.*

Vorgehensweise in einem großen Verein oder Verband

In großen Vereinen müssen mehr Gremien und größere Kreise von Mitgliedern oder Mitarbeitern in den Dialog einbezogen werden. Der kollektive Verständigungsprozess ist daher komplizierter: Aktive Mitglieder, hauptamtliche Führungskräfte, wichtige Persönlichkeiten oder Experten aus dem Umfeld des Vereins sowie die Mitglieder der verschiedenen internen Gremien sollten ihre Vorstellungen darlegen und miteinander ohne akuten Entscheidungsdruck diskutieren. Die konkreten Methoden zur Erarbeitung von Zukunftsvorstellungen unterscheiden sich prinzipiell nicht von den Methoden, die man in kleineren Vereinen benutzen würde.

 *Der Landesverband für Volkshochschulen, in dem 20 ländliche Volkshochschulvereine organisiert sind, möchte sich mit seinen Mitgliedern über die Schwerpunkte seiner Arbeit in den nächsten fünf Jahren verständigen. Traditionell werden solche Fragen in der Delegiertenversammlung diskutiert.*

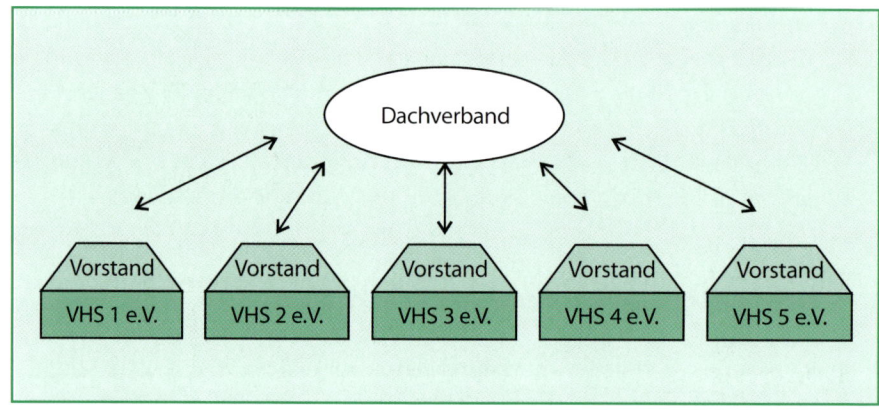

In der Vergangenheit hat sich herausgestellt, dass es den Delegierten schlecht gelungen ist, aus solchen Debatten ihrem Vorstand ein Bild zu verschaffen. Außerdem gibt es wenig inhaltlichen Austausch zwischen den Volkshochschulen der Region. Die örtlichen Vereine arbeiten sehr vereinzelt. Darum entschließt sich der Landesverband, eine Zukunftsdebatte mit allen seinen Mitgliedern zu führen. Er verspricht sich davon:

❖ *In Zukunft besseren Rückhalt bei seinen Mitgliedern für seine Aktivitäten auf Landesebene zu haben.*
❖ *Mehr Gemeinsamkeit zwischen den Volkshochschulen vor Ort zu fördern.*
❖ *In Zukunft bessere überregionale Öffentlichkeitsarbeit für die Volkshochschulen machen zu können.*

Ein solcher Beratungsprozess kann nur mit mehreren Stationen stattfinden, da es wenig sinnvoll ist, mehr als 40 bis 60 Personen zur gleichen Zeit einzuladen. Wenn Tagungen zu groß werden, fördern sie eher die Anonymität und nicht den Zusammenhalt im Verein.

Im Beispiel lautet die zentrale Frage für den Beratungsprozess: In welchem Bereich soll sich der Landesverband in den nächsten drei Jahren mit konzeptioneller Arbeit und Projekten schwerpunktmäßig engagieren und Aktivitäten der örtlichen Volkshochschulen fördern?

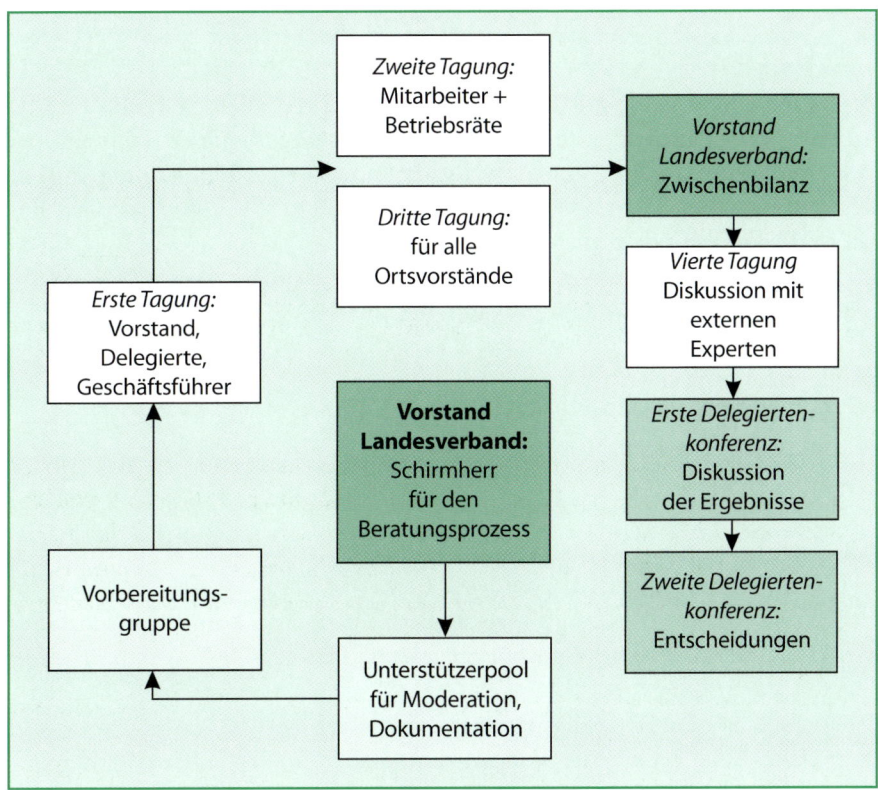

Der Landesverband setzt zunächst eine Vorbereitungsgruppe ein. Sie stellt Arbeitsmaterialien zusammen und konzipiert den Ablauf für die internen Tagungen, die geplant sind:

❖ **Erste Tagung:** *Landesvorstand, Delegierte und Geschäftsführer der örtlichen Volkshochschulen entwerfen ihre Zukunftsvorstellungen für die Arbeit des Landesverbandes.*

❖ **Zweite Tagung:** *Mitarbeiter und Betriebsräte aus dem Landesverband, den örtlichen Vereinen und Volkshochschulen erarbeiten ihre Zukunftsvorstellungen für den Landesverband.*

❖ *Dritte Tagung:* Landesvorstand und Mitglieder der örtlichen Volkshoch-schulvereine entwickeln ihre Zukunftsvorstellungen für die Arbeit des Landesverbandes.

❖ *Vierte Tagung:* Die Ergebnisse der bisherigen Beratungen werden mit externen Experten beraten: Arbeitgeber, Gewerkschaftliche Erwachsenenbildner, Geldgeber, Fachjournalisten, betriebliche Fortbildner usw.

Die Vorbereitungsgruppe stellt sich in einem solchen Fall auch darauf ein, die Arbeitsgruppen und Plenumsveranstaltungen während dieser Tagungen zu moderieren und die Ergebnisse jeweils im Anschluss zu dokumentieren. Will sie diese Aufgaben nicht selbst übernehmen, engagiert sie einen externen Berater und plant mit dem zusammen.

Ein so komplexes Vorhaben durchläuft vier Phasen:
❖ die Planungsphase,
❖ die Beratungsphase,
❖ die Entscheidungsphase,
❖ Dokumentation und Veröffentlichung.

Die Planungsphase

Um den Ablauf des Beratungsprozesses besser planen zu können, wird immer zunächst eine Vorbereitungsgruppe eingesetzt, die folgende Fragen bearbeitet:

❖ Wer soll an dem Beratungsprozess beteiligt werden?
❖ Welche Rolle haben die Vorstandsmitglieder in den einzelnen Phasen? Wer ist verantwortlicher Ansprechpartner während des Prozesses?
❖ Wer wird die Arbeitsgruppen moderieren? Werden externe Moderatoren hinzugezogen oder intern welche ausgebildet?
❖ Wie sieht der Zeitplan für die Veranstaltungen aus?
❖ Mit welchen Methoden wird während der Arbeitstagungen gearbeitet?
❖ Wer ist für Organisatorisches während der Veranstaltungen zuständig?
❖ Welche vorbereitenden Arbeitsmaterialien sind nötig? Wer könnte diese während der Planungsphase erstellen?
❖ In welchen Räumlichkeiten finden die Veranstaltungen statt?
❖ Wie könnte die prozessbegleitende Information für die nicht beteiligten Mitglieder und Mitarbeiter aussehen?

❖ In welcher Form gelangen die Beratungsergebnisse der unterschiedlichen Arbeitsgruppen während der Tagungen zu den Vorstandsmitgliedern?

❖ Wer macht am Ende die Dokumentation des gesamten Prozesses? Wie soll die Dokumentation aussehen? Für welche internen und externen Öffentlichkeiten ist sie gedacht?

Die Vorbereitungsphase kann bei der ersten Durchführung eines solchen Beratungsprozesses drei Monate bis zu einem halben Jahr dauern. Zu Beginn verabredet der Vorstand mit der Vorbereitungsgruppe »Meilensteine«. Damit sind Treffen gemeint, bei denen Zwischenberichte über den Planungsstand gegeben werden, die dann diskutiert werden. Am Ende dieser Phase beschließt der Vorstand, ob der Beratungsprozess weiter durchgeführt werden soll.

Die Beratungsphase

Je nach Vereinsstruktur sind an der Beratungsphase unterschiedlich viele Personen beteiligt. Es gibt eine Vielzahl von Möglichkeiten, einen solchen Beratungsprozess zu strukturieren. Eine Alternative zu dem oben geschilderten, sehr komplexen Beispiel könnte so aussehen:

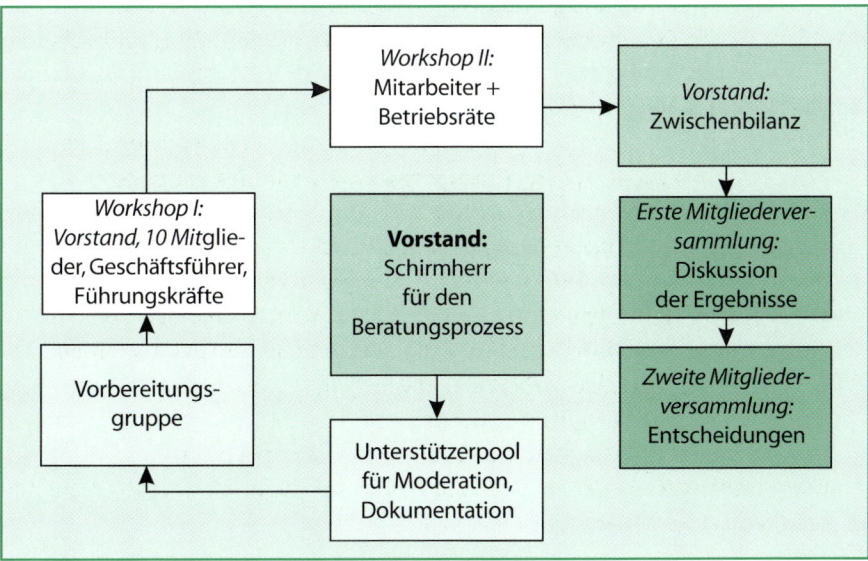

Die Schwerpunkte der zukünftigen Vereinsaktivitäten werden in hierarchie-übergreifenden Workshops sowie in Arbeitsgruppen und Gremien beraten. An den Beratungen nimmt jeweils mindestens ein Vorstandsmitglied teil und berichtet dem Vorstand. Alle Veranstaltungen sollten innerhalb von zwei bis drei Monaten stattgefunden haben. Die Gruppen beraten zweimal einen hal-ben oder einen ganzen Tag lang. In den Diskussionsrunden können mehrere Varianten oder Alternativen erarbeitet werden.

Die Gruppen haben keine Entscheidungskompetenz. Ihre Aufgabe besteht darin, Ideen zu erarbeiten und diese dem Vorstand vorzulegen. Der Vorstand entscheidet schließlich über die unterschiedlichen Vorschläge und unterbrei-tet der Mitgliederversammlung ein zusammenfassendes Konzept.

Die Entscheidungsphase

Am Ende des Beratungsprozesses diskutiert der Vorstand in einer zweitägigen Klausur die Ergebnisse und einigt sich auf ein gemeinsames Konzept, das er der Mitgliederversammlung vorlegt. Anschließend findet eine eintägige Mit-gliederversammlung statt, in der noch nichts beschlossen wird, sondern aus-schließlich die Ergebnisse des Beratungsprozesses und das Konzept des Vor-stands diskutiert werden. Es ist anzunehmen, dass nach einer solchen Mitglie-derversammlung viele Aspekte informell noch einmal intensiv diskutiert werden. In einer weiteren Mitgliederversammlung danach wird darüber abge-stimmt, ob sich die Mehrheit der Meinung des Vorstandes anschließt oder nicht. Findet der Vorschlag des Vorstands keine solide Mehrheit, muss erneut verhandelt und beraten werden.

Die informelle Diskussion: ein wichtiger Teil des Ablaufs

Dokumentation und Veröffentlichung

Im Verlauf des Beratungsprozesses wird eine Dokumentation erstellt, die am Ende in einer Zusammenfassung an die Presse, an wichtige Multiplikatoren, an einzelne Interessenten sowie an befreundete Vereine verschickt werden kann.

Zwischen Autorität und Basisdemokratie: Lenkungskonzepte

Beteiligungsstrukturen

Das Leiten und Steuern von kleinen Vereinen geschieht oft wie die »Leitung« einer Familie. In großen Vereinen, Verbänden, Kirchen oder Gewerkschaften hängt der Erfolg von Zukunftsideen aber häufig davon ab, wie die Umsetzung betrieben und begleitet wird. Viele Vorstandsmitglieder sind der Meinung, dass ihre Arbeit beendet ist, wenn sie eine Richtungsentscheidung über generelle Vorhaben oder Projekte getroffen haben. Tatsächlich ist der Beschluss nicht einmal die halbe Miete. Erst die Verbindung von Vorstandsbeschlüssen mit der Planung einzelner Schritte und das Einbeziehen von Mitgliedern und Mitarbeitern gewährleistet, dass das vereinsinterne Machtgefüge und das Netz der persönlichen Beziehungen die inhaltlichen Vorhaben des Vorstands trägt und machtpolitisch unterstützt.

Mitglieder und Mitarbeiter von Vereinen bringen in der Regel hohes Engagement für den Verein und seine Ziele mit und erwarten, an grundlegenden Entscheidungen beteiligt zu werden. Dementsprechend kritisch verfolgen sie die Aktivitäten ihres Vorstands: Kümmert er sich um die Ansichten seiner Mitglieder? Wie geht er mit Mitarbeitern um? Nimmt er den Rat von fachkundigen Mitarbeitern und Mitgliedern in Anspruch oder trifft er womöglich einsame und schwer verständliche Entscheidungen? Interessiert er sich für die Umsetzung der Entscheidungen und die Schwierigkeiten, die dabei manchmal auftreten?

Die zentrale Bedeutung von Verständigungs- und Beteiligungsprozessen mit einer großen Anzahl von Leuten, die unterschiedliche Träume und Interessen haben, ist eine Besonderheit von Vereinen. Dabei geht es nicht darum, um jeden Preis zahlenmäßig große Gruppen in die Arbeit mit einzubeziehen. Vielmehr löst zu viel oder eine zu wahllose Beteiligung eher das Gegenteil aus: Das Engagement lässt nach. Breite, aber maßvolle Beteiligung hingegen bietet den Vorteil, dass auf diese Weise auch um Akzeptanz für die gemeinsam entwickelten Ideen geworben werden kann. Wer im einzelnen Fall konkret an der Planung beteiligt sein muss, hängt vom jeweiligen Vorhaben und von der Situation des Vereins ab.

Zu enge oder zu wahllose Beteiligungsstrukturen verprellen engagierte Mitglieder

Stehen die Ziele fest, sind für die Verwirklichung zweierlei Arten von Verständigungsprozessen nötig:

Notwendige Verständigungsprozesse

❖ Verständigung zwischen Mitgliedern und Vorstand über die Schritte der Verwirklichung von Zukunftsideen.
❖ Verständigung über kurzfristige Veränderungen der ursprünglichen Planung auf dem Weg ihrer Verwirklichung.

Mitarbeiter und Führungskräfte können sich besser mit Neuerungen identifizieren, wenn das Ergebnis nur grob umrissen und noch relativ offen ist. Sie müssen daher bereits bei der Planung beteiligt werden. Nur so können sie ihre Erfahrungen einbringen und Einfluss nehmen. Im Laufe eines Planungsprozesses geschehen zudem durch den Austausch von Erfahrungen wichtige Lernprozesse, die durch keine noch so klug angelegte Fortbildung ersetzt werden können. Will man diese Chance zur Qualifizierung aller Beteiligten nutzen, ist es wichtig, genügend Zeit einzuplanen, damit die Betroffen die Veränderungen überdenken und auch Sorgen äußern können.

Kein Vorstand kann alle Erwartungen erfüllen. Er sollte dies in manchen Punkten sogar tunlichst vermeiden. Werden Mitarbeiter und Mitglieder an wirklich jeder Entscheidungsfindung beteiligt, dann lähmt dies seine Funktion als ordnende Kraft und als Entscheidungsträger. Der Verein wird in seiner Möglichkeit, auf Veränderungen in seinem Umfeld oder auf plötzliche Ereignisse zu reagieren, stark behindert.

Zwischen den Polen balancieren

Ein Vorstand muss zwischen den beiden Polen balancieren: Er muss Mitarbeitern und Mitgliedern einen gewissen Raum für Beteiligung lassen, darf aber das Ruder nicht völlig aus der Hand geben.

Vor- und Nachteile verschiedener Lenkungskonzepte

Lenkungskonzepte für Innovationsprozesse unterscheiden sich darin, wie intensiv der Vorstand selbst Verantwortung übernimmt und in welchem Maße er die Beteiligten und einflussreiche Personen aus dem Vereinsleben in die Entscheidungsprozesse einbezieht. Das eine Extrem bilden Lenkungskonzepte, bei denen der Vorstand eine Grundsatzentscheidung von der Mitgliederversammlung abstimmen lässt, alle Umsetzungsfragen der Geschäftsführung überträgt und sich nur in größeren Abständen berichten lässt.

Das andere Extrem bilden Lenkungskonzepte, die vorsehen, dass der Vorstand an vielen Punkten weite Kreise der Mitglieder und Mitarbeiter zu Rate zieht, bevor er sich für oder gegen die Realisierung von Teilprojekten entscheidet. Am Beispiel der Reise eines Chores soll dieser prinzipielle Unterschied mit seinen Vor- und Nachteilen erläutert werden.

Der Chor eines Segelclubs macht alle paar Jahre im Sommer eine größere Reise. Die dreißig Mitglieder betrachten das gemeinsame Singen in erster Linie als Freizeitbeschäftigung. Im Vordergrund solcher Reisen steht die Erholung der Mitglieder. Ergeben sich während der Reise Gelegenheiten zu öffentlichen Auftritten, werden sie sporadisch wahrgenommen werden. Es wird unterwegs viel geübt und das Repertoire erweitert. Etliche Chormitglieder nehmen ihre Familie mit auf diese Reisen. Ziel dieser Reisen ist es,

- ❖ *dass sich die Chormitglieder in den drei Wochen erholen.*
- ❖ *dass die Gemeinschaft gestärkt wird.*
- ❖ *dass Grundsatzfragen zur Sprache kommen.*
- ❖ *dass das Repertoire erweitert wird.*

Nach längeren Debatten einigt man sich schließlich auf eine Reise in die Karibik. Anschließend sind eine Menge organisatorischer Arbeit und weitere Entscheidungen erforderlich: An welchem Ort genau soll die meiste Zeit verbracht werden? Auf welchem Weg will man dahinkommen? Man kann fliegen oder mit dem Schiff fahren. Einige Chormitglieder haben bisher keine Erfahrung mit solchen Reisen. Sie finden alles toll und machen sich die abenteuerlichsten Vorstellungen. Ein paar der Teilnehmer sind nach wie vor mit der Karibik nicht einverstanden, sie träumen von Australien und möchten das Reiseziel erneut diskutieren. Sie hoffen, die Grundsatzentscheidung noch ändern zu können.

Problemlösung I
Chormitglieder und Chorleitung haben beschlossen, dass jeder auf dem Weg in die Karibik fährt, der ihm am liebsten ist. Die Frage, wer was am Reiseziel unternehmen will, wird vor Beginn der Reise nur in groben Zügen diskutiert und erst vor Ort endgültig entschieden. Damit ist zwar ein Teil des Problems gelöst, weitere werden sich aber ergeben: Diejenigen, die geflogen sind, haben vermutlich vor Ort zunächst mehr Interesse an Ruhe und Strandleben, als diejenigen, die mit dem Schiff gekommen sind. Sie sind ausgeruht und abenteuerlustig. Einige möchten das alltägliche Leben in der Karibik kennen lernen und andere möchten möglichst viele Sehenswürdigkeiten besichtigen. Alle wissen, dass manches Chormitglied, das zu Anfang der Reise geglaubt hatte,

das Wichtigste seien ihm die Museen, dann schließlich doch lieber über den Markt schlendert, völlig in den Bann gezogen vom Leben und Treiben.

Will die Leitung möglichst viel Raum für die Vielfalt persönlicher Reisevorstellungen schaffen und zugleich dafür sorgen, dass die Gruppe nicht auseinander fällt, werden weitere, zunächst zeitaufwändige Diskussionen nötig werden.

In diesem Fall wurde folgendes Lenkungskonzept genutzt:

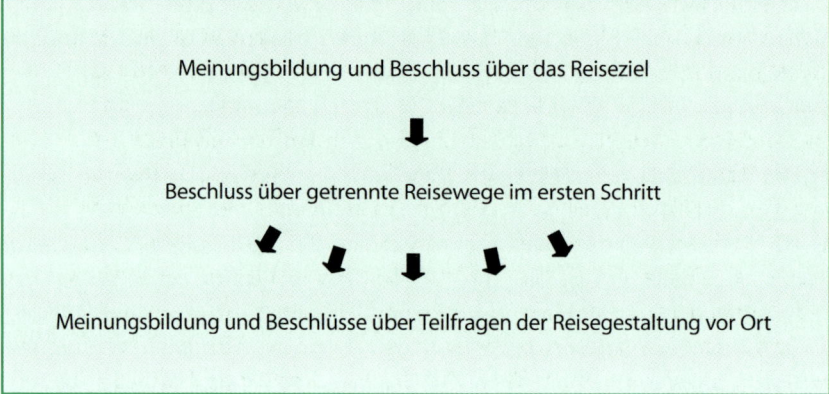

Problemlösung II

Die Chorleitung hat nach dem gemeinsamen Beschluss, in die Karibik zu fahren, einen groben Reiseplan entworfen und ein Reisebüro beauftragt, Flüge und Hotels zu buchen und ein Veranstaltungsprogramm vor Ort vorzuschlagen. In diesem Fall wird folgendes Lenkungskonzept benutzt:

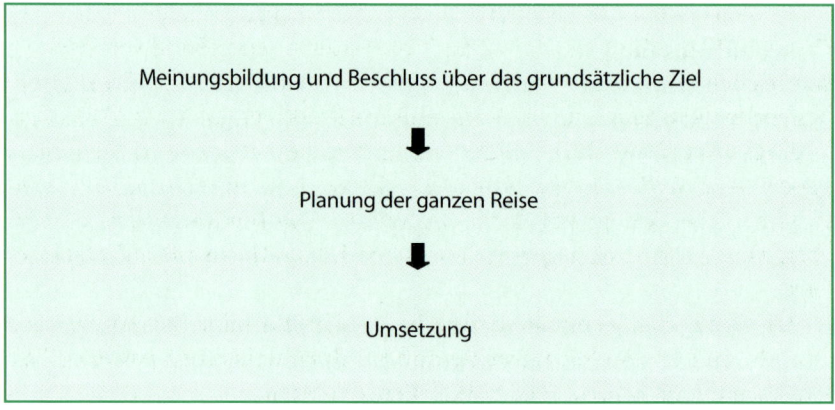

In der Art und Weise, wie die Chormitglieder in die Karibik reisen, offenbaren sich unterschiedliche Grundideen vom Reisen und davon, wie eine Gemeinschaft am besten ihr Leben regelt. Beide Formen des Reisens können sinnvoll sein und zu einem sehr guten Ergebnis führen oder sie können auch misslingen. Das Vorgehen im ersten Fall ist dem Anschein nach zeitaufwändiger, weil viele mitreden. Tatsächlich kostet aber die Unzufriedenheit mit dem Reiseveranstalter im zweiten Fall ebenfalls Zeit und verdirbt hier und da die Stimmung.

Wenn die Reise gut gelingt, wird der erste Lösungsweg zu originelleren Lösungen führen. Die integrativen Kräfte der Gruppe sind während der Reise aktiv genutzt worden und dadurch gewachsen. Es reisen vermutlich Mitglieder aus ganz unterschiedlichen Kreisen des Chores mit, weil sie wissen, dass es unterwegs Möglichkeiten geben wird, eigene Vorstellungen und Wünsche in die Tat umzusetzen. Weil die Mitglieder schwierige Situationen miteinander gut bewältigt haben, ist das Vertrauen zueinander gewachsen, das auch dann noch trägt, wenn man in einzelnen Sachfragen unterschiedlicher Meinung ist. Daher empfiehlt sich ein solches Vorgehen bei weit reichenden Neuerungen im Verein, bei allen Grundsatzfragen, bei Fragen, in denen die Grundwerte des Vereins berührt werden. Wählt ein Vorstand zur Bearbeitung von Zukunftsfragen einen Weg, der der Problemlösung I ähnlich ist, muss er selbst in wichtigen Phasen der Beratung und Entscheidung immer wieder tätig werden.

Bei Problemlösung II verhindert der Entschluss, möglichst wenig gemeinsam zu planen, kollektive Meinungsbildung und die Übernahme von Verantwortung für die Konsequenzen von Entscheidungen. So entsteht wenig Bereitschaft zu Kompromissen. Es fahren unter Umständen nur diejenigen mit, die sich schon gut kennen und diese Art zu reisen schätzen: Die Reise stärkt unter Umständen die Rivalität zwischen informellen Untergruppen im Chor. Dafür entlastet die Problemlösung II die Gruppe weitgehend von den organisatorischen Fragen. Eine solches Vorgehen ist zur effizienten Erledigung von laufenden Geschäften in der Vorstandsarbeit gut geeignet. Ein Verein, der allerdings ausschließlich so geführt wird, ist so potent wie seine Vorstandsmitglieder klug sind. Für alle Mitglieder, die gern Verantwortung übernehmen, ist ein solcher Verein nur bedingt attraktiv. Die Innovationskraft eines solchen Vereins wird eher gering sein, seine Integrationskraft auf Dauer ebenfalls.

Die Kunst der Vereinssteuerung liegt darin, für seine Steuerungskonzepte von Mal zu Mal eine sachgerechte und für das Vereinsleben passende Balance zwischen diesen beiden Extremmodellen zu finden.

Strukturierte Formen der Beteiligung: Zwei Beispiele

Zwischen den zuvor skizzierten Extremvarianten zur Steuerung komplexer Entwicklungsprozesse gibt es eine Reihe von Mischformen und Alternativen. Die beiden folgenden Beispiele machen das deutlich.

Beispiel 1: Der Vorstand eines Vereins der freien Wohlfahrtspflege beschließt, fünf kleine Beratungsstellen zu einer zentral gelegenen größeren Beratungseinrichtung zusammenzuschließen. So lassen sich die Mietkosten reduzieren und im Verwaltungsbereich können weitere Einsparungen realisiert werden. Das würde dem Verein ermöglichen, trotz knapper öffentlicher Mittel die besondere Qualität der Beratungsarbeit sicher zu stellen. Das Problem: Die Mitarbeiter der fünf Beratungsstellen standen jahrelang miteinander in Konkurrenz um öffentliche Mittel. Die Umstellung erfordert nun Folgendes:

❖ *Die Personalplanung muss durchdacht werden, denn nicht alle Mitarbeiter können übernommen werden. Andererseits werden gerade im Verwaltungsbereich Mitarbeiter mit Qualifikationen gebraucht, die es im Verein zurzeit nicht gibt. Die Personalplanung muss mit der Mitarbeitervertretung verhandelt werden.*

❖ *Es müssen neue Räume gesucht und die alten Mietverträge gekündigt werden.*

❖ *Die Mitarbeiter müssen sich einigen, wie die Arbeitsabläufe in der zukünftigen Beratungsstelle organisiert werden sollen; wer die Leitung übernehmen soll, wie sie bei Einstellungs- und Entlassungsverfahren beteiligt werden wollen.*

❖ *Es muss eine neue EDV-Anlage angeschafft und installiert werden, will man die Einsparmöglichkeiten im Verwaltungsbereich nutzen.*

Im Fall dieses Beispiels sah das Steuerungskonzept folgendermaßen aus:

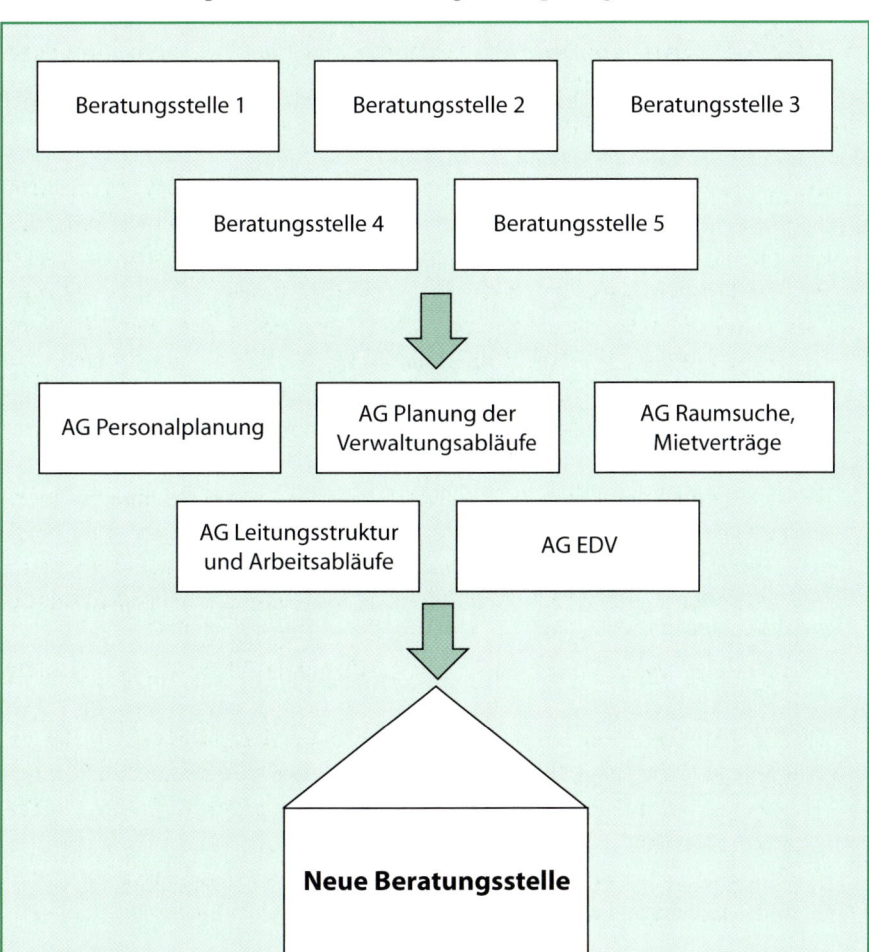

Beispiel 2: Eine kirchliche Organisation beschließt, ihre fünf sehr schön gelegenen Tagungshäuser mit ausgezeichneter Ausstattung wie Hotels zu führen. Dafür wird eine Gesellschaft gegründet, die als Geschäftsführer einen erfahrenen Hotelkaufmann einstellt. Der Gründung der Gesellschaft ist ein Jahr mit Workshops zu Fragen der Konzeption und der zukünftigen Organisationsstruktur vorausgegangen. Ohne die Akzeptanz und das Engagement der beteiligten Tagungshausleitungen und ihrer Mitarbeiter hätte eine solche Ver-

änderung keine Erfolgsaussicht gehabt. Die Tagungshausleitungen und zwei Gruppen von Mitarbeitern haben parallel an unterschiedlichen Teilen des Zukunftskonzepts gearbeitet. Jede Gruppe kam dafür zu mehreren Sitzungen zusammen.

In diesem Fall sah das Steuerungskonzept so aus:

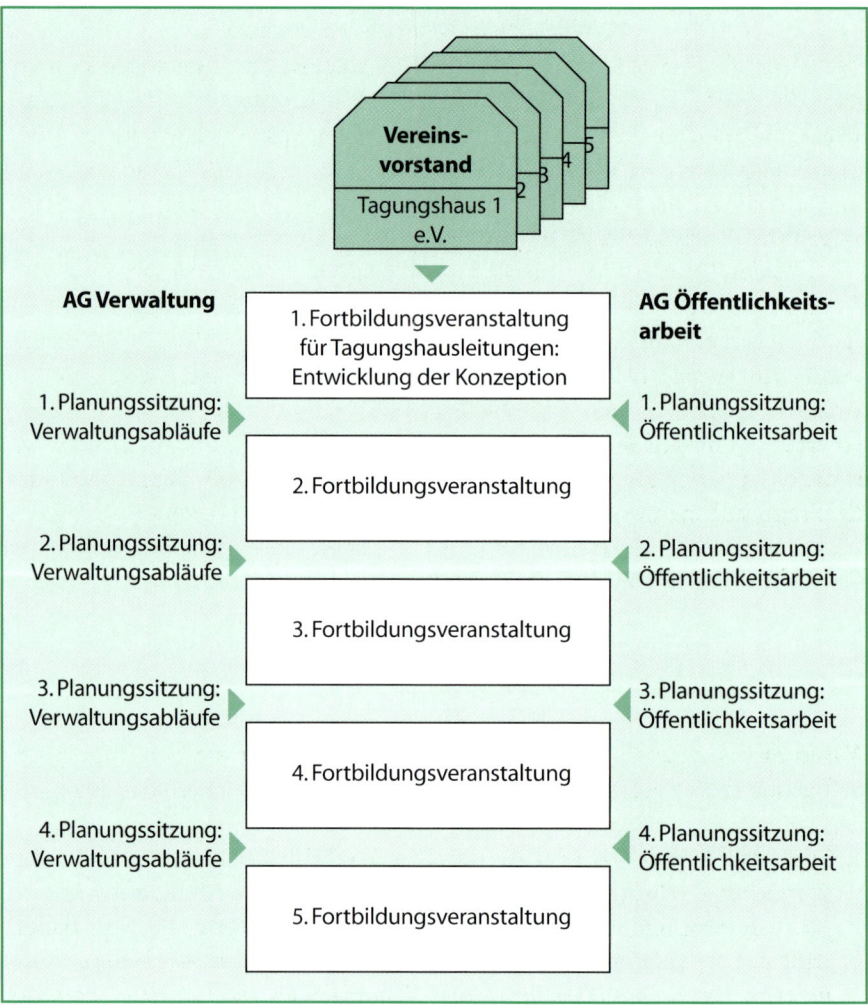

Beide Beschlüsse haben die knapper werdenden Finanzen als Hintergrund. Für das Gelingen der Vorhaben war die konzeptionelle Arbeit entscheidend, die die beteiligten Führungskräfte und Mitarbeiter gemeinsam geleistet haben, bevor eine endgültige Entscheidung gefasst wurde. In beiden Fällen hatten sich die Vorstände dafür eingesetzt, dass die öffentlichen Geldgeber dem Verein bzw. der Organisation einen ausreichenden Zeitraum zubilligten, nach passenden Lösungen suchen zu können.

Hintergrund: knapper werdende Finanzen

Von der Art, wie die Vereinsleitung die Veränderungen steuert und wie sie ihre Mitarbeiter beteiligt, wird deren Identifikation mit der neuen Einrichtung abhängen. Die zukünftige Beratungs- oder Servicequalität und das Ansehen der Gesellschaft bei Geldgebern sowie in der Öffentlichkeit hängt direkt vom Engagement der Mitarbeiter und ihrer Bereitschaft zur Zusammenarbeit ab. Geschäftsführer von großen Hotels wissen, wie entscheidend das Klima unter ihren Mitarbeitern dafür ist, dass sich ihre Besucher wohl fühlen.

In beiden Fällen waren eine Reihe von Problemen auf dem Weg zur Realisierung zu bewältigen: Eine Beratungsstelle zum Beispiel mit acht Beraterinnen benötigt eine qualifiziertere Leitung und Verwaltung als fünf Beratungsstellen mit jeweils ein bis zwei Mitarbeitern. Der Vorstand muss sich eine Meinung darüber bilden, was er selbst unabhängig von der Zustimmung der Mitarbeiter entscheiden will. Außerdem muss er ein Konzept entwickeln, wie er die Mitarbeiter für seine Planung gewinnen will. Er wird sich dabei auch die Frage stellen müssen, in welchen Punkten er Entscheidungs- und Planungskompetenzen delegieren will. Seine eigene Rolle wird sich im Verlauf dieses Veränderungsprozesses notgedrungen ändern.

Die ersten Schritte

Was immer an grundlegenden Veränderungsprozessen in einem Verein in Angriff genommen werden soll, die ersten Schritte sind immer die gleichen:

❖ Die Ausgangslage wird im Vorstand im Hinblick auf Ziele und Zukunftsvorstellungen diskutiert und das geplante Vorgehen grob skizziert.
❖ Das Grobkonzept, auf das sich die Vorstandsmitglieder geeinigt haben, wird mit Beteiligten aus dem Verein und mit internen oder externen Experten diskutiert. Dabei sind auch Erfahrungen von anderen Vereinen häufig nützlich.

Danach folgt eine Phase zur detaillierteren Planung und Vorbereitung. In großen Vereinen sollte der Vorstand dafür eine Steuerungsgruppe einsetzen. In kleineren Vereinen sollten ein oder zwei Vorstandsmitglieder die genauere Planungsarbeit übernehmen. Die Steuerungsgruppe entwickelt Projektskizzen und setzt dann Projektgruppen ein, die ganz konkret und en détail das Vorgehen im Rahmen ihres Projektes vorbereiten.

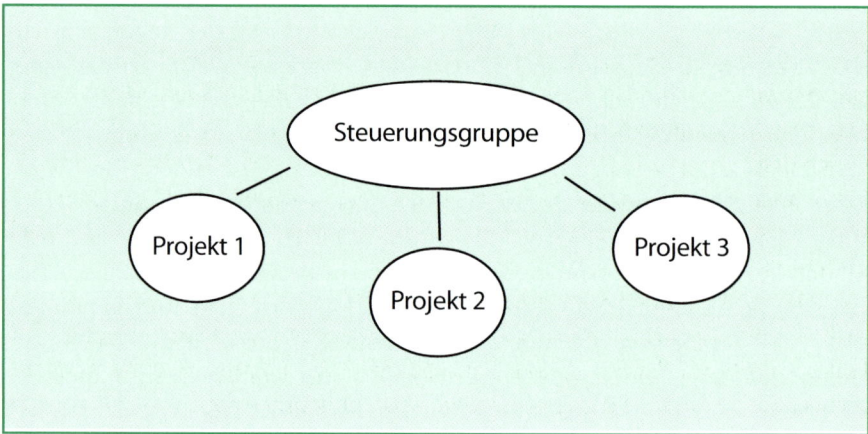

Aufgaben der Steuerungsgruppe

❖ Die Steuerungsgruppe bekommt den Auftrag, Pilotprojekte mit einem Qualifizierungskonzept zu entwickeln.
❖ Die Steuerungsgruppe sollte einen möglichst realistischen Zeitplan für die konkrete Planung und die Realisierung von Teil- und Pilotprojekten entwerfen.
❖ Sie sollte festlegen, wer aus dem Kreis der Mitglieder und Mitarbeiter welche Rolle in den Projekten bis wann übernimmt?

Am Ende der Planungsphase diskutiert der Vorstand mit der Steuerungsgruppe ihre Ideen und Vorstellungen und beschließt die nächsten Schritte. Falls Vorgehen und Zeitplan unrealistisch oder unverständlich erscheinen, einigen sich Vorstand und Steuerungsgruppe auf eine Überarbeitung. Können sich die Vorstandsmitglieder auch nach mehrfacher Überarbeitung der Planung nicht auf eine Vorgehensweise mit deutlicher Mehrheit einigen, sollte der Vorstand zur Bearbeitung seiner internen Konflikte externe Hilfe zu Rate ziehen. Uneinigkeit im Vorstand zu Beginn eines Veränderungsprozesses hat in der Regel gute Gründe, die nicht einfach übergangen werden sollten.

Wenn das Konzept steht und beschlossen ist, muss es im Verein vorgestellt werden. Wichtig für den Erfolg solcher Projekte ist, dass Vorstand und Steuerungsgruppe für Verbesserungsvorschläge offen bleiben.

Sand im Getriebe: Widerstände und Einwände

Viele Initiativen zur Veränderung bleiben bereits ganz zu Beginn auf der Strecke: Sei es, dass ein Vorstand auf den geballten Widerstand von Mitarbeitern, Geschäftsführung und Führungskräften stößt, sei es, dass Führungskräfte und Geschäftsführung an mangelnder Unterstützung des Vorstands scheitern. Es kann auch sein, dass die Vorstandsmitglieder untereinander so zerstritten sind, dass sie interne Veränderungen nicht mehr gemeinsam machtpolitisch absichern können.

Jedes umfassende Innovationsvorhaben führt in Organisationen, die aus mehr als zehn bis fünfzehn Personen bestehen, zumindest vorübergehend zu lautem Protest oder zu stillen Formen des Widerstands. Das liegt in der menschlichen Natur. Solange niemand ernst zu nehmenden Protest anmeldet, muss man befürchten, dass es sich entweder um keine relevante Veränderung handelt oder dass niemand das Vorhaben verstanden hat. Welche dieser Situationen auch zutreffen mag, man kann sicher sein, ohne Widerstand wird keinerlei relevante Veränderung realisierbar sein.

Gerade zu Beginn ist es wichtig, sich mit Widerständen, Sorgen, Einwänden und guten Ideen von allen beteiligten Gruppierungen ausführlich auseinander zu setzen. Sie sind in der Regel berechtigt. Ohne die Berücksichtigung von Einwänden ist man in der Gefahr, wichtige Aspekte zu übersehen und verliert gleich zu Beginn die Möglichkeit, die Beteiligten als Unterstützer zu gewinnen.

Innovationsvorhaben scheitern an der ungenügenden Diskussion

Häufig sind Widerstände gegen Veränderung zunächst einmal ein Ausdruck für Informations- und Qualifikationsdefizite. Viele Mitglieder, Ehrenamtliche und freiwillige Helfer beschäftigen sich das erste Mal mit Fragen der Innovation. Einer der größten Stolpersteine sind dabei zu einfache Veränderungskonzepte in den Köpfen der Beteiligten. Darum sind maßgeschneiderte Informations- und Fortbildungsveranstaltungen gerade zu Beginn wichtige Elemente zur Steuerung von Veränderungsvorhaben.

Stiller oder lauter Protest kann auch Ausdruck für eine ungünstige Verschiebung der Machtverhältnisse sein oder für verdeckte Konflikte. Auch in diesen Fällen ist es sinnvoll, Zeit zu investieren, um mit denjenigen, die die Veränderung zu steuern haben oder von ihr betroffen sein werden, zu diskutieren. Die meisten Innovationsvorhaben scheitern, weil zu Beginn nicht genügend Zeit für Diskussionen eingeplant wurde. Findet sich keine Lösung und kein tragfähiger Kompromiss, besteht die Gefahr, dass die ungeklärten Probleme bei jeder Gelegenheit wieder auftauchen. Auch das kostet viel Zeit und Energie.

Breite Unterstützung anstreben

Die Werbung um breite Unterstützung aller Beteiligten und nicht nur um Mehrheiten ist daher gerade am Anfang eines jeden Innovationsprojekts eine wichtige, aber auch ausgesprochen zeitaufwändige Arbeit. Diese Arbeit, die sich nicht sofort in spektakulären Erfolgen niederschlägt, wird häufig gerade zu Beginn von Veränderungsplanungen für Zeitverschwendung gehalten: »Redet nicht so viel, sondern lasst uns was machen!« Dieses Prinzip hat schon manche gute Innovation scheitern lassen.

Bei größeren Innovationsvorhaben hat es sich gerade in dieser Phase als sehr nützlich erwiesen, eine kleine interne Tagung zu veranstalten, zu der Vorstandsmitglieder oder Geschäftsführungen anderer Vereine und Organisationen als Referenten eingeladen werden, die solche Projekte bereits durchgeführt haben.

Erfahrungen von anderen nutzen: kleine Fachtagungen

Viele Vereine und ähnliche Organisationen könnten sich durch die Erfahrungen anderer manche Sackgasse und manchen Umweg ersparen. Aber Erfahrungen lassen sich kaum schriftlich vermitteln. Alle schriftlichen Erfahrungsberichte oder öffentlichen Vorträge vermeiden es, all zu sehr auf die Punkte einzugehen, an denen etwas nicht gelungen ist. Genau das ist aber besonders lehrreich. Um aus den Erfahrungen anderer lernen zu können, ist ein Rahmen nötig, in dem Projekte sehr detailliert erläutert werden können und in dem es auch Gelegenheit zu informellem fachlichen Austausch gibt.

Dafür eignet sich eine nicht zu große Fachtagung, in deren Rahmen Workshops zur Diskussion einzelner Projekte im kleinen Kreis stattfinden, besonders gut.

Als Referenten werden Projektleitungen aus Organisationen eingeladen, die für die Vorhaben des Veranstalters besonders interessant sind. Als Teilnehmer der Tagung werden alle Gremienmitglieder aus dem Verein angesprochen sowie alle hauptamtlich Beschäftigten. Je nach Größe des Vereins und nach Zielrichtung der Tagung kann der Kreis der Teilnehmer ausgeweitet werden.

Natürlich gibt es viele Wege, den Ablauf einer solchen Fachtagung zu konzipieren. Je nach Zielsetzung wird man andere Schwerpunkte setzen. Wichtig ist, dass nicht ein Vortrag den anderen jagt.

Es folgt nun ein Vorschlag für eine eineinhalbtägige Veranstaltung mit etwa vierzig Teilnehmern. Der Veranstalter möchte, dass die Teilnehmer lernen, sich einerseits in unterschiedliche Wege der Innovationssteuerung hineinzudenken und dass sie andererseits gemeinsame Bezugspunkte zur kritischen Auseinandersetzung mit Innovationsvorhaben entwickeln.

Ablauf der Fachtagung »Innovation in Vereinen und ähnlichen Organisationen«

Tagungsbeginn: Freitag, 16.00 Uhr.

❖ Begrüßung der Gäste durch ein Vorstandsmitglied. Dabei sollte Bezug auf Sinn und Ziel der Tagung genommen werden.
❖ Vortrag über generelle Entwicklungen im weiteren Umfeld des Vereins, der die Tagung veranstaltet. Anschließende Diskussion und weitere Beiträge aus dem Plenum.
❖ Aufteilung der Teilnehmer in drei Workshops. In jedem Workshop werden verschiedene Projekte dargestellt.
❖ Abendbrot.
❖ Fortsetzung der Arbeit in den Workshops bis maximal 20.30 Uhr.
❖ Plenum: Zusammentragen von Erkenntnissen und Einsichten aus der bisherigen Arbeit. Offene Fragen für den nächsten Tag werden angesprochen. Erkenntnisse, Einsichten und offene Fragen für den nächsten Tag werden mit Moderationskarten auf dafür vorbereiteten Pinnwänden dokumentiert.
❖ Ende des ersten Tages: 21.00 Uhr.

Samstag, Beginn: 9.30 Uhr

❖ Kurzvortrag eines Vorstandsmitgliedes aus einem befreundeten Verein zum Thema: »Unsere Rolle als Vorstand: Was waren unsere Aufgaben, was würden wir heute anders machen?«. Anschließend Diskussion.
❖ Aufteilung der Teilnehmer in drei Gruppen. In allen drei Workshops wird ein Projekt eines befreundeten Vereins dargestellt und diskutiert.
❖ Mittagessen.
❖ Auswertung der Diskussionen aus den Workshops, Sicherung der Ergebnisse der Tagung.
❖ Ende der Tagung: 15.00 Uhr.

Das Zusammenspiel der Kräfte: flankierende Maßnahmen

Ob ein Verein in Konkurrenz mit anderen Vereinen um Mitglieder, Spenden und öffentliches Ansehen bestehen kann, hängt zunehmend auch davon ab, wie gut es dem Vorstand gelingt, seine inhaltlichen Aktivitäten durch langfristig angelegte Innovationskonzepte in den Bereichen Personal, Öffentlichkeit und Finanzen zu flankieren. Dies sind Bereiche, die die Aktivitäten des Vereins entweder unterstützen und ihnen zum Erfolg verhelfen oder die sie behindern und unter Umständen zunichte machen:

❖ Personalpolitik und Personalentwicklung
❖ Interne Informationspolitik
❖ Öffentlichkeitsarbeit
❖ Externe Beratung

Die Kunst der Vereinsführung liegt im Zusammenspiel der Kräfte. Um zu verdeutlichen, was damit gemeint ist, hilft am besten eine Analogie.

Jedes Segelboot hat mehrere Steuerungssysteme: die Segel, das Ruder, die Mannschaft, die Form des Schiffes selbst usw. Die wichtigsten Außenkräfte, die die Richtung des Schiffs bestimmen, sind der Wind und die Strömungen des Wassers. Je besser es Seglern gelingt, diese Kräfte in ein Zusammenspiel zu bringen, bei dem sie sich gegenseitig verstärken, umso bessere Chancen haben sie im Wettbewerb mit anderen Schiffen der gleichen Klasse. Fällt eines der Lenkungssysteme aus oder wird stark beschädigt – bricht zum Beispiel das Ruder, wird die Mannschaft krank oder reißen die Segel – ist die Lenkbarkeit des Schiffs stark beeinträchtigt oder es kann vielleicht gar nicht mehr gesteuert werden. Die ursprünglichen Ziele müssen aufgegeben oder zurückgesteckt werden.

Die Kunst des Segelns besteht darin, das Zusammenspiel der Kräfte zu nutzen, um an das Ziel zu kommen. Gleiches gilt für das Vereinsleben.

In Vereinen werden die Möglichkeiten für flankierende Maßnahmen in der Regel nicht planmäßig genutzt: Viele Vorstände glauben, dass die Steuerung der Finanzen ihr wichtigstes Geschäft ist. Geplante Personalentwicklung oder zeitgemäße Öffentlichkeitsarbeit halten sie für nachrangige Aufgaben, um die sich der Vorstand nicht zu kümmern braucht.

Die Kunst der Vereinsführung liegt aber gerade darin, das Zusammenspiel zwischen Zielen, Lenkungskonzepten und dem breiten Fächer flankierender Maßnahmen aktiv zu nutzen: Wenn die Zukunftsvorstellungen die Führungskräfte bei der Arbeit inspirieren, wenn die Personalentwicklung die Mitarbeiter bei ihrer Arbeit unterstützt, wenn die Informationspolitik weiß, dass die Mitarbeiter sehr relevante öffentliche Meinungsmacher sind, wenn PR-Arbeit, Pressearbeit und Sponsorengewinnung sich ergänzen und gegenseitig beflügeln, dann braucht man sich weder um die Arbeitsergebnisse noch um den Zusammenhalt des Vereins Sorgen zu machen.

Ein Verein mit 200 Mitgliedern und 40 hauptamtlichen Mitarbeitern beschließt, die Finanzplanung und -steuerung teilweise zu dezentralisieren. Für die einzelnen Arbeitsbereiche werden Budgets eingerichtet, in deren Rahmen die jeweilige Bereichsleitung weitgehend selbst entscheiden kann, wie sie ihr Geld verwendet. In der Vergangenheit wurden selbst kleinste Ausgaben wie zum Beispiel Fachbücher bei dem Verwaltungsleiter beantragt. Die Einführung von Budgetierung trifft bei den Mitarbeitern zunächst auf Skepsis und Unverständnis.

Budgetierung einführen

Die Einführung von Budgetierung kann als einfacher Verwaltungsakt durchgeführt werden: Alle Beteiligten gewöhnen sich an neue Formen der Abrechnung mit der Verwaltungsabteilung. Ansonsten verändert sich nichts im Macht- und Kooperationsgefüge zwischen den Abteilungen, auch nicht in den Arbeitsformen zwischen Vorstand und hauptamtlichen Mitarbeitern. Wird eine solche Neuerung aber durch Maßnahmen der Personalentwicklung und der internen Informationspolitik flankiert, kann sie sehr viel mehr bewirken. Im geschilderten Beispiel sollten durch die Einführung von Budgetierung folgende Ziele verfolgt werden:

❖ Man möchte die Ergebniskontrolle erleichtern und die Erfolge der Arbeit besser dokumentieren.
Maßnahme: Jeder Bereich soll auf diese Weise verpflichtet werden, für seine Arbeit langfristige Ziele zu formulieren und daraus Vorgaben für die Arbeit im nächsten Jahr abzuleiten. Die Vorgaben für das nächste Jahr und die Ergebnisse des vergangenen Jahres sind eine notwendige Grundlage für die jährlichen Budgetverhandlungen.

❖ Das Kostenbewusstsein in den unterschiedlichen Arbeitsbereichen soll gestärkt werden.
Maßnahmen: Der Haushaltsplan soll in Zukunft in einer Form dargestellt werden, die auch Nicht-Fachleute leicht verstehen. Die Überwachung des eigenen Budgets erlaubt kostenbewussteres Handeln.

❖ Die Leitungskräfte sollen ihre Rolle ernster nehmen und sich sowohl für die Ergebnisse der Arbeit in ihrem Bereich als auch für die Regelung von Verteilungskonflikten verantwortlich fühlen.
Maßnahmen: Die Leitungskräfte entscheiden über die Verwendung der einzelnen Budgets. Sie verhandeln jährlich den Budgetrahmen für ihren Bereich mit dem Vorstand.

❖ Zwischen den Führungskräften sollen Rivalitäten zur Sprache gebracht und Interessenkonflikte offener verhandelt werden, um dann gemeinsam von Jahr zu Jahr immer wieder neu nach Lösungen zu suchen.
Maßnahme: Jährliche Budgetverhandlungen mit den anderen Bereichsleitungen und dem Vorstand, Maßnahmen zur Gewinnung von Spendern und Sponsoren. Intensive Öffentlichkeits- und interne Informationsarbeit zur Bekanntmachung von Arbeitsergebnissen.

❖ Zwischen Führungskräften und Vorstand soll ein intensiverer Austausch und größeres Einvernehmen über die generellen Leitlinien der Vereinspolitik und deren Bedeutung für die einzelnen Bereiche hergestellt werden.
Maßnahmen: Die jährlichen Budgetverhandlungen bieten Gelegenheit, die generelle Vereinspolitik und die Arbeit in den einzelnen Arbeitsbereichen miteinander abzugleichen und zu verschränken.

❖ Erfolge der Arbeit sollen besser sichtbar werden. Sie sollen sowohl außerhalb des Vereins bei Interessierten und Sponsoren als auch innerhalb bei den Vereinsmitgliedern bekannt gemacht werden.
Maßnahme: Es wird ein Rundbrief initiiert, in dem regelmäßig über die Projekte der einzelnen Arbeitsbereiche berichtet wird. Ein Journalist wird für PR- und Öffentlichkeitsarbeit eingestellt.

❖ Der Vorstand soll in seinem Selbstverständnis als zentrales Steuerungsorgan gestärkt werden und somit mehr Verantwortung für die Ausrichtung des Vereins auf die Zukunft übernehmen. Zurzeit versteht sich der Vorstand als ein Gremium, das immer dann aktiv wird, wenn Probleme im laufenden Geschäft oder in der Finanzierung von Vereinsaktivitäten auftreten.
Maßnahmen: Die Budgetverhandlungen werden begleitet von Jahrestagungen, in denen die einzelnen Arbeitsbereiche ihre inhaltliche Arbeit

des vergangenen Jahres und ihre Planungen für das kommende Jahr darstellen. Für den Zeitraum von einem Jahr wird ein Prozessbegleiter als Projektleiter eingesetzt. Seine Aufgabe ist es, die Konzepte und neuen Rollen zu verhandeln, in denen sich alle Beteiligten zurechtfinden müssen.

Das feinsinnig abgestimmte Zusammenspiel von Personalentwicklungsmaßnahmen, PR-Arbeit und Projektsteuerung sowie die sorgsame Abstimmung der Entwicklungsschritte hat im Beispielfall die Einführung der Budgetierung zum Ausgangspunkt für einen sehr tief greifenden Veränderungsprozess werden lassen, der Auswirkungen auf die Macht- und Kooperationsverhältnisse sowie auf das Rollengefüge hatte.

Unterstützung durch externe Beratungsfirmen

Externe Beratungsfirmen können eine wichtige Unterstützung bei Veränderungsprozessen sein. Die externen Berater können auf Grund ihrer größeren Unabhängigkeit von internen Denkgewohnheiten und Loyalitäten mit zweierlei helfen:

❖ Sie können Methoden und Erfahrung zur Steuerung von Veränderungsprozessen zur Verfügung stellen. Solche Beratung wird Prozessbegleitung, Managementberatung oder Moderation genannt.
❖ Sie können Fachwissen für die jeweiligen Tätigkeitsfelder eines Vereins zur Verfügung stellen. Solche Beratung wird Fachberatung genannt.

In der Regel bieten Berater beides an. Tatsächlich aber haben sie ihre Stärken meist in einem der beiden Bereiche. Je nachdem, was ein Verein benötigt, sollte er sich Berater suchen, die in dem einen oder dem anderen Bereich besonders ausgebildet worden sind.

Berater brauchen für eine erfolgreiche Zusammenarbeit möglichst klar umrissene Aufträge. Ihnen die ganze Verantwortung für einen Innovationsprozess in die Hand zu geben, mag einem Vorstand zwar verführerisch erscheinen, ist aber nicht unbedingt Erfolg versprechend: Vereine können nur von externer Beratung profitieren, solange es intern genügend Vorstandsmitglieder und Führungskräfte gibt, die sich so intensiv mit den Konzepten und Vorschlägen der Berater auseinander setzen können, dass sie intern als »Übersetzer« tätig werden und die Innovationen machtpolitisch absichern können.

Berater sprechen eine für Vereine fremde Sprache. Außerdem kennen sie die internen Machtverhältnisse in der Regel nur oberflächlich. So kommt es, dass mancher gute Rat intern schlecht verstanden wird oder einfach im Moment nicht durchsetzbar ist. Um nicht gleich zu Beginn an den Verständigungsschwierigkeiten über Steuerungskonzepte zu scheitern, beginnen viele Innovationsprozesse, die extern begleitet werden, mit einer Situationsanalyse, die so angelegt ist, dass diejenigen, die das Vorhaben intern vertreten und umsetzen müssen, dabei neue Konzepte und Sichtweisen anzuwenden lernen.

Wenn sich in einem Verein keine Gruppe findet, die für eine längere Zeit verlässlich die Verantwortung für ein Veränderungsvorhaben übernehmen kann, dann hilft in der Regel auch eine externe Beratungsfirma nicht weiter. Interne Führungskräfte sind die einzigen, die innovative Vorhaben inhaltlich und machtpolitisch in ihrem Verein absichern und verwirklichen können.

Eine Reihe von Aufgaben können externe Berater kaum leisten:

❖ Die Veränderungen auf Dauer etablieren und eine neue Kontinuität in den Arbeitsabläufen herstellen.
❖ Das Projekt machtpolitisch absichern.
❖ Die Verantwortung gegenüber der Mitgliederversammlung übernehmen.
❖ Verlässliche Arbeitsbündnisse zwischen Führungskräften und Mitarbeitern, zwischen Vorstand und Mitgliedern herstellen, wenn diese das nicht wollen.

Erfolgreiche externe Beratung ist immer ein Gemeinschaftswerk von einflussreichen Vorstandsmitgliedern in Verbindung mit anderen einflussreichen, internen Personen und einer externen Beratungsfirma.

Der Vorstand aus einem Verein für Kinder- und Jugendarbeit beabsichtigt, die Qualität in der Kinder- und Jugendarbeit seiner Einrichtungen zu verbessern. Der Verein ist Träger für folgende Einrichtungen:

❖ *vier Kindergärten,*
❖ *zwei Kindertagesstätten,*
❖ *drei Kinderheime,*
❖ *eine Beratungsstelle für Jugendliche sowie*
❖ *fünf Streetworker.*

Vorstand und Geschäftsführungen entscheiden sich dafür, zur Qualitätsverbesserung den Weg der Selbstevaluation durch Führungskräfte und Mitarbeitende der Einrichtungen zu gehen. Im Einzelnen sehen die Schritte so aus (in Anlehnung an den Landesverband der VHS NRW, 1999):

1. Schritt: *Fortbildung für alle Vorstandsmitglieder und Leitungen der Einrichtungen zum Thema Qualitätsentwicklung im Kinder- und Jugendbereich nach dem Verfahren der Selbstevaluation. Für diese eintägige Veranstaltung wird eine sachkundige externe Beraterin eingeladen. Am Ende des Workshops wird eine Projektgruppe für das Vorhaben gebildet. Ihr gehören zunächst nur drei Leitungskräfte aus den Einrichtungen und ein Vorstandsmitglied an. Sie erhält die Aufgabe, einen Projektantrag für den Vorstand zu formulieren, mit dem der bei öffentlichen Geldgebern die nötigen Finanzen für das Vorhaben beantragen kann.*

2. Schritt: *Gründung einer Vernetzungsgruppe mit Vertretern aller beteiligten Einrichtungen. In dieser Vernetzungsgruppe, der »AG Qualität in der Kinder- und Jugendarbeit«, kurz: AGQ genannt, wird der von der Projektgruppe formulierte Antrag abgestimmt.*

3. Schritt: *Der Vorstand beantragt beim Jugendamt die Gelder. Sie werden etwa drei Monate nach Einreichung des Antrags bewilligt.*

4. Schritt: *Einrichtung einer hauptamtlichen, halbtags besetzten Projektgeschäftsstelle. Der Mitarbeiter bekommt einen auf ein Jahr begrenzten Arbeitsvertrag. Seine Aufgabe ist es, Arbeiten und Koordinierungsfunktionen für die Projektgruppe zu übernehmen. Er nimmt an etlichen der folgenden Fortbildungen und an den Sitzungen der Projektgruppe teil.*

5. Schritt: *Erste Vollversammlung. Sie besteht aus Vorstandsmitgliedern, Führungskräften und Mitarbeitern der Einrichtungen. Es wird das Projekt vorgestellt, Projektregeln festgelegt und ein Verfahren zur Besetzung von Arbeitsgruppen in den einzelnen Einrichtungen verabredet. Ergebnis: Die Kindergärten und Kindertagesstätten bilden zusammen eine Arbeitsgruppe, die Heime sind zusammen eine Arbeitsgruppe und die Beratungsstelle geht mit den Streetworkern zusammen.*

6. Schritt: *Auftaktveranstaltung und Fortbildung zum Thema »Qualitätsentwicklung durch Selbstevaluation«. An dieser Veranstaltung nehmen alle Projekt- und Arbeitsgruppenmitglieder teil. Sie wird extern von der gleichen Beratungsfirma moderiert, die auch in allen anderen Fragen und Fortbildungen mit Rat und Tat zur Verfügung steht. Festlegung der Themenbereiche und die spezifischen Fortbildungsthemen für die Arbeitsgruppen.*

– *AG KITAS: Verbesserung der Kontakte zu den Eltern.*

– *AG Heime: Verbesserung der internen Verwaltungsabläufe, eventuell Vereinheitlichung und Konzentration.*

– *AG Beratung + Streetwork: Verbesserung der Außendarstellung und der Zusammenarbeit mit anderen Einrichtungen.*

7. Schritt: *Zweite Vollversammlung. Festlegung der Workshopthemen, Vorstellung des weiteren Verfahrens.*

8. Schritt: *Sitzung der Projektgruppe mit Projektgeschäftsstelle. Auswertung des bisherigen Ablaufs. Festlegung des Evaluationsverfahrens. Entwicklung eines Feedbackbogens. Die Sitzung dauert einen Tag. Die externe Beraterin berät die Projektgruppe in allen Fragen der nächsten Schritte.*

9. Schritt: *Im Verlauf der nächsten drei Monate finden in jeder Gruppe drei eintägige Workshops unter externer Moderation zum jeweiligen Themenschwerpunkt statt. Zwischen den Workshops arbeiten die Gruppen an ihren Themen konzeptionell und mit praktischer Erprobung von Ideen weiter.*

10. Schritt: *Sitzung der Projektgruppe mit Projektgeschäftsstelle. Auswertung der Workshops, Zwischenbilanz, Planung für die zweite Workshoprunde.*

11. Schritt: *Dritte Vollversammlung. Erfahrungsaustausch über den bisherigen Verlauf. Erläuterung des weiteren Vorgehens.*

12. Schritt: *Im Verlauf der nächsten drei Monate finden wieder in jeder Gruppe drei eintägige Workshops unter externer Moderation zum jeweiligen Themenschwerpunkt statt. Festlegung von weiteren Maßnahmen zur Verbesserung und Erprobung zwischen den Workshops.*

13. Schritt: *Sitzung der Projektgruppe mit Projektgeschäftsstelle mit externer Beratung. Resümee über Verlauf der Workshops. Entwicklung eines dauerhaften Rahmenkonzepts für den Ausbau des entstandenen Netzwerks.*

14. Schritt: *Vierte Vollversammlung. Ergebnisberichte, Festlegung der Struktur für die Abschlussberichte.*

15. Schritt: *Fünfte Vollversammlung. Planung einer Abschlussveranstaltung. Planung der weiteren Arbeit im Netzwerk nach Abschluss des Projekts.*

16. Schritt: *Abschlussveranstaltung mit allen Beteiligten. Der gesamte Vorstand, die beteiligte Beraterin, Vertreter des Jugendamtes und eventuell Vertreter befreundeter Vereine. Am Ende des Weges sind die Beteiligten für Verbesserungsmöglichkeiten in der alltäglichen Arbeit deutlich sensibler geworden und haben bereits eine Reihe ihrer Ideen in die Tat umgesetzt. Die kollegiale Vernetzung, die zwischen den Einrichtungen entstanden ist, unterstützt auch weiterhin die detaillierte Auseinandersetzung mit Fragen der Arbeitsqualität und der Kundenorientierung.*

**Fragen, die man sich im Zusammenhang
mit Innovationen stellen sollte**

Sind die Veränderungen, die uns im Vorstand vorschweben, wirklich wichtig und nötig für die Zukunft des Vereins? Welche Vorteile bringen sie? Welche Gegenargumente könnten auftauchen?

_____

_____

_____

Sind mir die Innovationen so wichtig, dass ich bereit bin, mich mit viel Engagement dafür einzusetzen? Habe ich genügend Geduld, das aufwändige demokratische Procedere mit immer wieder neuem Kräfte- und Zeiteinsatz zu begleiten?

_____

_____

_____

Wo müssen wir mit erheblichem Widerstand rechnen?

_____

_____

_____

Gibt es andere Vereine, die ähnliche Veränderungsvorhaben erfolgreich bewältigt haben? Welche Wege sind dort beschritten worden?

_____

_____

_____

In welchen Punkten könnten uns externe Berater helfen?

_____

_____

_____

Kapitel 7:
Klassische Konfliktfelder

»So manches jüngere Mitglied, das hier und da in den Vorstand kommt, wundert sich, dass die Älteren Dinge, die alle stören, gar nicht ansprechen und totschweigen. Die haben Schwierigkeiten mit denjenigen, die mehr Diskussion fordern. Eigentlich wird das regelmäßig abgewürgt …«
(Vorsitzender einer Freiwilligen Feuerwehr)

Konflikte
gehören dazu

Zu einem gesunden Vereinsleben gehören Konflikte. Ohne Konflikte gibt es kein Engagement, keine Erfolge, keinen Fortschritt. Anders als in Wirtschaftsbetrieben geht es in der Vereinsarbeit auch darum, einen soziokulturellen Raum zu schaffen, in dem Menschen mit ähnlichen Einstellungen zum Leben ihren gemeinsamen Interessen und Anliegen nachgehen können. Das geht selbstverständlich nicht ohne Interessenkonflikte ab. Auseinandersetzungen sind im Vereinsleben nicht einfach eine unangenehme Begleiterscheinung, sondern sie sind mit dem innersten Wesen dieser Organisationen eng verbunden.

In jedem Verein, in dem Menschen über Jahrzehnte zusammenkommen, gibt es eine Fülle von Konfliktfeldern, die allen Beteiligten bekannt sind, über die aber immer nur hinter vorgehaltener Hand gesprochen wird: Ehrenamtliche oder freiwillige Helfer stehen hauptamtlichen Mitarbeitern kritisch gegenüber; die Jugendorganisation fühlt sich bevormundet und nicht ernst genommen; diejenigen, die das Geld verwalten, kritisieren diejenigen, die die inhaltliche Arbeit machen; ein Mitglied eines Gremiums hat vor Jahren einem anderen die Frau ausgespannt usw.

> **Nicht jeder Konflikt muss gelöst werden!**

Ähnlich wie in Familien oder Nachbarschaften haben Mitglieder, Gremien und hauptamtliche Mitarbeiter sich in der einen oder anderen Weise mit den gängigen Konfliktfeldern eingerichtet. Man vermeidet, die unangenehmen Dinge beim Namen zu nennen. Mancher Zwist löst sich auf diese Weise im Laufe der Zeit wie von selbst, andere werden als ständige Begleitmusik des Vereinslebens in Kauf genommen.

Im Umbruch gewinnen
altbekannte Konflikt-
felder neues Leben

Um wichtige Vorhaben im Verein nicht an solchen Kontroversen scheitern zu lassen, ist es zwar wichtig, ihre Entwicklung im Auge zu behalten. Alle Konflikte im Verein aber lösen zu wollen wäre unsinnig und für jeden Vorstand eine Überforderung. Gerät ein Verein in eine Phase des Umbruchs und der Innovation, gewinnen allerdings die meisten der in den Hintergrund geratenen Konfliktfelder neues Leben. Kontroversen, die längst beigelegt schienen, sind plötzlich wieder Ausgangspunkt für heiße Debatten.

Zur Lösung von kontroversen Interessen bietet die Vereinsstruktur zwei Regelungsmechanismen: die zeitlich begrenzte Übertragung der Gesamtverantwortung an eine Leitungsgruppe – beispielsweise den Vorstand – und demokratische Entscheidungsverfahren. Die Bearbeitung von Konflikten ist eine der Kernaufgaben von Vorständen. Mehrheitsentscheidungen sind dabei eines der wichtigsten Instrumente. Darüber hinaus benötigt der Vorstand allerdings weitere Wege zur Konfliktbearbeitung. Er muss sich darüber klar werden, welche Konfliktfelder als ständige Begleitmusik der Arbeit in Kauf genommen werden müssen und welche strittigen Punkte der Klärung und Lösung bedürfen. Er muss sich in jedem Einzelfall folgende Fragen beantworten:

❖ Welche Konflikte sind normale Begleitmusik der Arbeit und welche muss man bearbeiten und lösen?
❖ Handelt es sich um persönliche Animositäten, um Konflikte, die nur den Vorstand oder einzelne Gremien betreffen oder handelt es sich um vereinsweite Kontroversen?
❖ Sind es inhaltlich bedingte Kontroversen, also Konflikte, die durch die Arbeitsabläufe immer wieder entstehen oder sind es eher Macht- und Interessenskonflikte?

Diese Fragen können Vorstände nur dann befriedigend klären, wenn sie Konflikte nicht als ein unangenehmes oder peinliches Missgeschick betrachten und sie durch Schuldzuschreibung lösen wollen. Die Frage nach der Schuld führt schon bei Kindern, die sich streiten, selten zu einer sinnvollen Lösung. Nicht anders bei Erwachsenen: Erst wenn Vorstandsmitglieder die Beschäftigung mit Konflikten als notwendigen Teil ihrer Arbeit betrachten – so wie zum Beispiel Zwiebelschälen zur Vorbereitung manch köstlicher Mahlzeit –, besteht die Chance, dass sie zu gemeinsamen Einschätzungen kommen, die die Grundlagen eines Problems gut erfassen. Eine solche gemeinsame Einschätzung ist ein guter Ausgangspunkt für kreative Lösungen.

Animositäten und Stellvertreterkonflikte

Gängige Alltagskonflikte machen sich in der Vorstandsarbeit häufig als persönliche Animositäten bemerkbar. In den seltensten Fällen ist das aber die ganze Geschichte. Was auf der Oberfläche wie eine persönliche Abneigung erscheint, erweist sich viel häufiger, als man glauben mag, bei genauerer Analyse als ein Ergebnis von kontroversen Ansichten und Interessen.

In einer Diskussion um die zukünftige Entwicklung des Sportvereins TSV Harmonia e.V., an der acht Vorstandsmitglieder teilnehmen, zeigt sich schnell für den außenstehenden Beobachter, dass zwei der Vorstandsmitglieder sich ständig gegenseitig ins Wort fallen. Es klingt, als hätten sie unterschiedliche Standpunkte. In den Inhalten, die sie vertreten, sind aber kaum Unterschiede zu erkennen. So liegt der Schluss nahe, dass die beiden sich vielleicht nicht mögen. Das mag sein. Viel wichtiger aber ist, dass der eine der Verwaltungsleiter ist, der die Hand auf dem Geld hat, während der andere als engagierter Leiter einer Sportgruppe überzeugt ist, dass er nie genug Geld bekommt, um die für seine Arbeit nötigen Materialien und Geräte anzuschaffen.

Die Kunst der Konfliktregelung besteht in erster Linie in der Kunst der gemeinsamen Diagnose. Die beiden Vorstandsmitglieder haben in diesem Fall in der aktuellen Diskussion keinen inhaltlichen Dissens, sie haben einen Rollenkonflikt: Formell diskutieren sie als Vorstandsmitglieder in ihrer Verantwortung für den ganzen Verein. Aber man hört den Dauerkonflikt, den sie auf Grund ihrer Rollen als Verwaltungsleiter und Trainer miteinander haben, immer wieder heraus.

Kleine und große Konflikte

Je mehr Personen oder Gruppierungen an einem Konflikt beteiligt sind, umso zeitaufwändiger ist in der Regel die Klärung der jeweiligen Standpunkte. Ein zunächst klein und überschaubar erscheinender Konflikt kann sich bei genauerer Betrachtung als weit reichendes, nicht so leicht zu lösendes Problem entpuppen. Manchmal wird die eigentliche Tragweite eines Konflikts erst dadurch deutlich, dass Lösungsversuche scheitern. Dann sind Geduld und Fantasie gefragt, um den Kern des Übels erkennen zu können.

Manche Konflikte, die im Kleide großer Worte erscheinen und für viel Aufregung sorgen, haben auch ganz schlichte Ursachen:

In einem Verein gibt es heftige Auseinandersetzungen darüber, ob Budgetierung eingeführt werden soll oder nicht. Der Leitung wird vorgeworfen, sie wolle sich auf diese Weise mehr Kontrolle verschaffen. Eigentlich weiß aber niemand so richtig, was er sich unter Budgetierung vorstellen soll.

Wann also kleine Konflikte klein bleiben und wann sie bei genauerer Betrachtung zunächst immer größer zu werden scheinen, ist nicht immer genau vorherzusagen. Konflikte haben oft eine längere Vorgeschichte, die sich über einen geraumen Zeitraum entwickelt hat. Oft brauchen sie auch viel Zeit und Aufmerksamkeit, bis sich eine brauchbare Lösung abzeichnet.

In dem oben geschilderten Beispiel aus der Vorstandsarbeit eines Sportvereins stellt sich also folgende Frage:

❖ Ist der Konflikt, den alle spüren, eine persönliche Animosität oder ist er ein Kennzeichen für einen weiter reichenden Dissens im Vorstand oder gar im Verein insgesamt?

Jedes Vorstandsmitglied mag eine Meinung zu dieser Frage haben, aber erst das Gespräch im Vorstand hilft, zu einer verlässlichen gemeinsamen (!) Einschätzung zu kommen. Stilles Abwarten führt nicht weiter. Man muss miteinander darüber reden. Und zwar möglichst nicht nur zu zweit.

Animositäten können symptomatisch sein

Konflikte, die im Vorstand auftreten, sind häufig symptomatisch für Differenzen zwischen Gruppierungen im Verein oder für widersprüchliche Anforderungen an den Vorstand. Es sind so genannte Stellvertreterkonflikte. In dem Beispiel des Sportvereins vertritt der Verwaltungsleiter die finanziellen Interessen des Vereins und der Leiter der Sportgruppe die qualitativen Interessen seiner Gruppe an das sportliche Angebot. Einen persönlichen Konflikt haben die beiden zunächst nicht.

Solche Konflikte können nur da gelöst werden, wo der Hauptkonfliktstoff seine Ursache hat. Stellvertreterkonflikte können nicht zwischen einzelnen Mitgliedern des Vorstands gelöst werden. In diesem Fall waren sich die Vorstandsmitglieder im Klaren darüber, dass es sich nicht um persönliche Animositäten der beiden Personen handelte, sondern um einen in der Vereinsarbeit angelegten Konflikt. Er wurde mit einer Mehrheitsentscheidung des Vorstands gelöst.

Der Schlüssel für die Konfliktlösung liegt in solchen Fällen wieder in der Kunst der richtigen Diagnose:

❖ Woran erkennt man, ob Vorstandsmitglieder einfach Krach miteinander haben oder ob konfliktreiche Verhältnisse im Verein ihre Zusammenarbeit belasten?

In manchen Fällen ist die Unterscheidung nicht schwer. In anderen Fällen lässt sich erst nach misslungenen Lösungsversuchen erkennen, worum es sich handelt. »Versuch und Irrtum« ist eine der bewährtesten Diagnosestrategien. Möchte ein Vorstand, Konflikte möglichst frühzeitig regeln, wird er sich auch mit diffusen Spannungen in der Zusammenarbeit beschäftigen müssen, die nicht auf Anhieb der einen oder der anderen Kategorie zuzuordnen sind. Gerade eine sorgsame Diskussion von Spannungen und Kontroversen im Vorstand ist immer wieder ein nützliches Hilfsmittel zur Einschätzung.

Kennzeichen und Symptome für verdeckte Konflikte im Vorstand:

❖ **Häufiges Zuspätkommen einzelner Vorstandsmitglieder.**
Erste Vermutung über Hintergründe: Das Interesse und die Prioritätensetzung ist bei diesen Mitgliedern nicht klar. Wie bewusst ist ihnen ihre persönliche Bedeutung für die Vorstandsarbeit? Sind ihre Rolle, ihre Aufgaben klar?

❖ **Es ist jedes Mal nur ein Teil der Vorstandsmitglieder bei der Sitzung anwesend. Alle haben verständliche Entschuldigungen.**

Erste Vermutung über Hintergründe: Es gibt Differenzen und Konflikte zwischen den Vorstandsmitgliedern, die niemand ernst nehmen mag und ansprechen möchte.

❖ **Es reden immer nur ein bis zwei Personen, die Mehrheit schweigt.**

Erste Vermutung über Hintergründe: Alle sind halbherzig damit einverstanden, dass der Vorstandsvorsitzende sich für alles verantwortlich fühlt. Die schweigende Mehrheit glaubt, dass ihre Meinung unwichtig ist und dass sie mit ihrem Schweigen die Arbeit erleichtert.

❖ **Zeitpläne und Verabredungen werden nicht eingehalten.**

Erste Vermutungen über Hintergründe: Verbindlichkeit ist kein besonders hoch gehaltener Wert in diesem Vorstand. Es gibt eine Rivalität darum, wer von den Vorstandsmitgliedern auf Grund seines sonstigen beruflichen Lebens die wichtigste, eingespannteste Person ist.

❖ **Die Reihenfolge der Tagesordnungspunkte ist immer heftig umstritten.**

Erste Vermutung über Hintergründe: Dem Vorstandsvorsitzenden wird misstraut oder es gibt heftige Rivalitäten und ungeregelte Machtkämpfe zwischen Teilen des Vorstands.

❖ **Es gibt immer wieder Reibereien mit der Geschäftsführung.**

Erste Vermutung über Hintergründe: Entweder ist die Arbeitsverteilung nicht klar oder es sind Stellvertreterkonflikte, die dadurch zu Stande kommen, dass in weiten Kreisen des Vereins generell Unzufriedenheit mit der Arbeit des Vorstands herrscht.

Widersprüchliche Anforderungen

Vorstände haben, anders als Führungskräfte in reinen Wirtschaftsbetrieben, außerordentlich widersprüchlichen Anforderungen bei ihrer Arbeit zu genügen (vgl. Olk et al. 1995, S. 11). Das erschwert ihre Tätigkeit (s. Abb. S. 148).

Als Träger von Wirtschaftsbetrieben müssen sie ökonomisch denken und sich im Konkurrenzkampf mit anderen Anbietern bewähren. Gleichzeitig stellen Vereine eine Gemeinschaft dar, deren soziales Leben aktiv gepflegt werden muss. Viele sind zugleich politische Akteure (Grunow 1995, S. 253).

Gemeinschaft stiften, Geselligkeit
und Kommunikation fördern, gegen-
seitige Unterstützung der Mitglieder

Weltanschauungsverband
mit eigenem Normen- und
Wertegefüge weiterentwickeln

Übernahme von staatlichen
Aufgaben der Wohlfahrtspflege,
Kulturförderung oder Bildung

Vorstand

Gesellschaftspolitisch Einfluss
nehmen, öffentliche Meinungsbildungsprozesse beeinflussen

Freiwilligenarbeit unterstützen
und organisieren, selbst-
bestimmtes Handeln ermöglichen

Interne Meinungsbildungs-
prozesse strukturieren und steuern,
Demokratie praktizieren

Als Dienstleister sich im Markt
behaupten

Der Sportverein TSV Harmonia e.V. bietet Sportveranstaltungen für seine Mitglieder an und konkurriert dabei mit kommerziellen Fitness-Centern. Sein Vorstand ist aber auch auf kommunaler Ebene tätig: Er setzt sich mit anderen regionalen Vereinen für die Förderung des Jugendsports ein und für die Erhaltung öffentlicher Sportplätze. Seine Mitglieder bemängeln, dass die vereinseigenen Sportstätten in schlechtem Zustand seien. Tatsächlich aber verlassen viele Mitglieder den Sportverein, weil das Klima im Verein in den letzten Jahren zunehmend anonymer geworden ist.

Grundelement jedes Vereins- oder Verbandslebens ist das Vorhandensein einer Gemeinschaft, die für bestimmte Ziele und Werte eintritt. Ein Verein kann es sich zur Aufgabe gemacht haben, für folgende Punkte einzutreten:

❖ Für eine spezielle Vorstellung, wie das Leben in einer Gemeinschaft sein soll.
❖ Für einen spezifischen Begriff von Fairness.
❖ Für die Idee von gesellschaftlichem Interessenausgleich verbunden mit einer entsprechenden Tarifpolitik.
❖ Für Solidarität mit Schwachen und Armen und soziale Gerechtigkeit.
❖ Für künstlerische Freiheit.
❖ Für gewaltfreie Konfliktlösungen.

Kollektive Normen und Werte haben in unserer Gesellschaft nur dann Kraft und Gültigkeit, wenn es Gruppierungen gibt, die für diese Werte auch eintreten. Dementsprechend ist die Gemeinschaft von Vereinsmitgliedern nicht nur ein vereinsinternes Mittel zum Zweck, sondern darüber hinaus ein für die Gesellschaft wertvolles Gut, das es zu pflegen gilt. Neuerungen im Vereinsleben, die auf der sachlich inhaltlichen Ebene sehr kontrovers diskutiert werden, sind häufig mit einer verdeckten Wertediskussion verbunden.

Gruppierungen, die für Werte eintreten

Der Sportverein TSV Harmonia e.V. plant, für die Pflege und Verwaltung seiner Sportstätten einen Wirtschaftsbetrieb zu gründen: die gemeinnützige Sportstättenverwaltungs-gGmbH. Der Vorstand verspricht sich davon eine professionellere Verwaltung und geht davon aus, dass diese Gesellschaft auch für andere Vereine tätig sein könne. Auf diese Weise könnte die Sportstättenverwaltungs-gGmbH Geld verdienen, das dann dem Erhalt der vereinseigenen Sportstätten zugute kommt. Um dieses Vorhaben gibt es im Vorstand und unter den Mitgliedern heftige Debatten. Die einen befürchten, dass eine zunehmende Kommerzialisierung der Vereinsaktivitäten Mitglieder vertreibe und Sponsoren oder Spender verschrecke. Andere Gruppierungen argumentieren, dass das Angebot des Vereins auf diese Weise gerade attraktiver für neue Mitglieder würde. Die Leiter der verschiedenen sportlichen Aktivitäten befürchten eine generelle Professionalisierung ihrer Arbeit. Die freiwilligen Helfer, die die Sportstätten in der Vergangenheit verwaltet haben, befürchten keine Aufgabe mehr zu haben. Es werden alle möglichen Argumente pro und contra in den Debatten geäußert, tatsächlich geht es aber um die Frage, ob die Standards der professionellen Verwaltungs-gGmbH alles, was bisher mit viel Engagement in Eigenregie bearbeitet worden war, als Dilettantismus entwertet wird. Letzten Endes geht es um den Wert der freiwilligen Arbeit im Verein überhaupt.

Die internen Spannungen zwischen den widersprüchlichen Anforderungen, die mit der Doppelfunktion als Verein und Wirtschaftsbetrieb einhergehen, sind für diese Organisationen konstitutiv: »Der eingepflanzte ›Dauerkonflikt‹ sozusagen, dem man immer gern ausweichen will, ist nicht auflösbar, sondern er kann nur vorübergehenden, an der Sache orientierten Lösungen zugeführt werden, will man nicht eine Spaltung herbeiführen.« (Grawe 1995) Mit diesem Dauerkonflikt bekommen es Vorstände in ihrer Arbeit notgedrungen immer wieder zu tun.

Schritte zur Konfliktlösung

Analyse von angespannten Stimmungslagen im Vorstand

Um allgemein angespannten Stimmungslagen und diffusen Konfliktstoff im Vorstand analysieren zu können, sind im ersten Schritt die Wege zur Einschätzung der Arbeitsfähigkeit im Vorstand nützlich, die am Ende des dritten Kapitels genauer beschrieben worden sind (s. S. 69):

❖ Stimmungsbarometer.
❖ Meinungsaustausch zum Stand der Zusammenarbeit.
❖ Regelmäßiges Resümee.

Alle drei Verfahren können helfen, Konfliktstoff frühzeitig zu erkennen und Differenzen zu beseitigen. Meinungsverschiedenheiten, die allen bekannt sind, sind weniger störend in der Zusammenarbeit als verdeckte oder verschleppte Konflikte. Das Vorhandensein eines Konflikts gemeinsam zur Kenntnis zu nehmen ist häufig der erste Schritt zu einer langfristigen Lösung.

Sobald bei atmosphärischen Unstimmigkeiten die Einschätzungen und Vermutungen aller Beteiligten offen auf dem Tisch liegen, ist es in der Regel nicht mehr schwer, gemeinsam zu einer Einschätzung zu kommen:

❖ Handelt es sich um persönliche Animositäten?
❖ Handelt es sich um einen Kooperationskonflikt im Vorstand?
❖ Handelt es sich um einen Konflikt aus dem Verein?

Und: Handelt es sich um eine situativ aufgetretene Differenz auf Grund von Missverständnissen, Kränkungen oder Ähnlichem? Oder tritt der Konflikt immer wieder auf? Etwa weil jemand häufig zu spät kommt? Oder jemand unzuverlässig ist? Gibt es häufig Missverständnisse über Termine? Streiten sich zwei oder drei Personen bei fast jedem Thema in ähnlicher Weise? Nur in solchen Fällen lohnt es sich unter Umständen, gemeinsam in eine vertiefte Analyse des Konfliktfeldes einzusteigen.

Eine einigermaßen befriedigende Konfliktregelung kostet immer Zcit. Da Zeit das knappste Gut ist, das Vorstände für die Bewältigung ihrer Aufgaben haben, sollten sie sich folgende Frage stellen: Für welche Konfliktfelder im Verein ist es im Moment richtig und notwendig, dass wir gemeinsam deutlich mehr als etwa eine Stunde Zeit investieren?

Konfliktregelungen kosten Zeit

Eine Reihe von Kennzeichen und Symptomen können Vorstandsmitgliedern bei der Beantwortung dieser Frage helfen. Ein Vorstand sollte sich mit Konfliktfeldern beschäftigen, wenn folgende Auswirkungen erkennbar sind:

❖ Konfliktdebatten oder Machtkämpfe sind zur Hauptbeschäftigung von Mitarbeitern und aktiven Mitgliedern geworden. Es werden immer wieder die gleichen Argumente ausgetauscht.
❖ Die Qualität der Arbeit und des Vereinslebens leiden.
❖ Die Arbeitsfähigkeit von einzelnen Gremien oder der Geschäftsführung ist deutlich beeinträchtigt.
❖ Die Gerüchteküche brodelt und kocht.
❖ Es kommen bei wichtigen Fragen keine deutlichen Mehrheiten zu Stande.
❖ Der Krankenstand bei hauptamtlichen Mitarbeitern, aktiven Mitgliedern und freiwilligen Helfern ist hoch.
❖ Wichtige Mitarbeiter bewerben sich woanders oder aktive Mitglieder wandern ab.
❖ In die Vorstandsarbeit ist keine personelle Kontinuität zu bringen. Bei jeder Sitzung fehlen andere Mitglieder. Wichtige Fragen werden, obgleich eine Entscheidung getroffen worden ist, immer wieder neu diskutiert.
❖ In einzelnen Bereichen, in denen der Verein aktiv ist, folgt eine Krise der anderen.
❖ Es kommt häufig und in relativ kurzer Folge zu personellen Wechseln in der Geschäftsführung oder in anderen Führungspositionen. Das gilt auch für aktive Mitglieder, die formelle Führungspositionen zum Beispiel in den Gremien übernommen haben.

In Zweifelsfällen stellt sich die Frage, ob der Vorstand sich der Sache verstärkt zuwenden oder abwarten will und erst einmal nichts tut. Halbherziges Engagement erweist sich meistens als verlorene Zeit.

Um eine einvernehmliche Entscheidung treffen zu können, sollten die Vorstandsmitglieder sich etwa eine Stunde Zeit nehmen, damit alle ihre unterschiedlichen Standpunkte darlegen können. Entscheidet sich die Mehrheit der Vorstandsmitglieder für Abwarten, sollte entweder ein Vorstandsmitglied bestimmt werden, das die Konfliktentwicklung mit besonderer Aufmerksamkeit verfolgt, oder es sollte in zwei bis drei Monaten erneut ein Tagesordnungspunkt für dieses Thema reserviert werden, um die Richtigkeit der Entscheidung zu überprüfen.

Ein Weg der Bearbeitung von Konflikten

Hat sich ein Vorstand nach einer ersten allgemeinen Debatte dafür entschieden, ein Konfliktfeld genauer zu bearbeiten, kann er in folgenden Schritten vorgehen:

1. **Schritt: Analyse des Konfliktes im Vorstand.**
   Wer ist beteiligt? Um welche der folgenden Konfliktfelder handelt es sich?
   - ❖ Existieren persönliche Animositäten zwischen einzelnen Personen?
   - ❖ Gibt es Meinungsverschiedenheiten innerhalb einer Gruppierung, eines Teams oder eines Arbeitsbereiches?
   - ❖ Oder sind an den Unstimmigkeiten mehrere Gruppen, Fraktionen oder Arbeitsbereiche beteiligt?
   - ❖ Durchziehen die Differenzen fast alle Bereiche des Vereinslebens?

2. **Schritt: Alle Beteiligten setzen sich an einen Tisch zusammen.**
   Im Vorstand werden ein oder zwei Mitglieder bestimmt, die alle Beteiligten oder einflussreiche Vertreter der Konfliktparteien zu einem Klärungs- und Analysegespräch einladen. Der Kreis, der eingeladen wird, sollte möglichst nicht viel mehr als zehn Personen umfassen.

3. **Schritt: Im Kreis der Beteiligten werden die folgenden Fragen analysiert und geklärt.**
   - ❖ Sind alle für die Sache wichtigen Personen hier beieinander? Wenn nicht: Wer lädt sie ein und überzeugt sie von der Wichtigkeit ihrer Anwesenheit bei einem nächsten Termin? Ist jemand eingeladen worden, der eigentlich mit der Sache kaum etwas zu tun hat?
   - ❖ Worum geht es in dem Konflikt? Wie ist er zu erklären? Was sind die Kernpunkte, um die gestritten wird? Worin sehen wir die Ursachen?

Bei der Ursachensuche kann die Tabelle auf Seite 154 helfen. Natürlich lassen sich nicht alle Ursachen für Konflikte in einer solchen Liste erfassen. Aber man erkennt: Welche Wege der Problemlösung sind schon versucht worden? Warum haben sie nicht zu einer Problemlösung geführt? Was könnte ein Teilziel sein?

Ziel dieser Diskussion ist es, dass alle Beteiligten zunächst einmal ihre Sicht der Kontroverse darlegen können und dass man in der anschließenden Diskussion zu einer gemeinsamen Einschätzung kommt, was die Kernpunkte des Konflikts sind und was Folgeerscheinungen und Nebenschauplätze. Bei solchen Analysen ist die Hilfe externer Berater oft recht nützlich. Auch die Diskussionsleitung sollte eine externe Person übernehmen.

4. Schritt: Lösungswege suchen.

Im Anschluss an die Analyse sollten Lösungsideen zusammengetragen werden. Dabei ist es wichtig, zunächst alle Ideen, wie abwegig sie auch sein mögen, zu sammeln und aufzuschreiben. Über Chancen und Risiken der Lösungswege sollte erst diskutiert werden, wenn niemandem mehr weitere Ideen zur Lösung einfallen.

5. Schritt: Die Umsetzung sichern.

Nach eingehender Diskussion wird eine Vorgehensweise verabredet. Dabei ist es nützlich, schriftlich festzuhalten, wer was bis zum nächsten Treffen unternehmen soll. Bei einem weiteren Treffen wird überprüft, ob das Vorgehen zu dem erhofften Erfolg geführt hat, ob andere Wege eingeschlagen werden müssen oder ob sich neue Sichtweisen für die Einschätzung des Konfliktes ergeben haben.

Dieser letzte Schritt wird häufig nicht sehr ernst genommen, weil alle Beteiligten hoffen, das Problem gelöst zu haben.

Kernpunkte	Lösungswege
Es gibt Unstimmigkeiten über inhaltliche Schwerpunkte der Arbeit und über Zielvorstellungen, die mit der Vereinsarbeit verfolgt werden sollen.	Gibt es eine durch solide Mehrheiten abgesicherte kollektive Meinung der Mitglieder zur zukünftigen Entwicklung des Vereins? Wenn nicht: Ein Meinungsbildungsprozess sollte geplant und in Gang gesetzt werden. Wenn die jetzt angestrebte Entwicklung des Vereins nur von einer knappen Mehrheit der Mitglieder getragen wird: Der Vorstand sollte Aktivitäten starten, um mehr Mitglieder für diese Linie zu gewinnen.
Es herrscht Uneinigkeit über die Verteilung der Ressourcen: Gelder, Arbeitsinstrumente, personelle Ausstattung, Aufstiegschancen usw.	Entspricht die Verteilung der Ressourcen der angestrebten zukünftigen Ausrichtung des Vereins? Eine Arbeitsgruppe von Mitgliedern könnte den Auftrag bekommen, für die Verteilung des Budgets im folgenden Jahr zwei bis drei Alternativen zu entwickeln und diese dem Vorstand als Diskussionsgrundlage vorzulegen.
Es existieren unklare Macht- und Revierkämpfe.	Bei schwer regelbaren Machtkämpfen sind den Beteiligten häufig die Inhalte aus dem Blick geraten. Der Vorstand könnte dafür sorgen, dass mehr Sachlichkeit in die Debatten kommt oder den Hintergrund der Kontroverse zum Thema machen. Wie viel berechtigte Angst müssen die Promotoren dieser Kämpfe um ihren Arbeitsplatz oder um ihr Ansehen haben? Gibt es Mittel und Wege, mit denen der Vorstand für mehr Sicherheit sorgen kann?
Es gibt Unstimmigkeiten in den Arbeitsabläufen, den Verantwortlichkeiten und Rollenverteilungen.	Überprüfung und eventuell Neuorganisation der Arbeitsabläufe und Aufgaben.
In einem der dauerhaft vorhandenen Konfliktfelder – wie zum Beispiel zwischen hauptamtlichen und ehrenamtlichen Mitarbeitern – werden Kontroversen zunehmend schärfer ausgetragen.	Detailliertere Analyse der Konfliktursachen.

Kernpunkte	Lösungswege
Kontroversen über die Grundwerte des Vereins.	Entweder eine breit angelegte Diskussion der Grundwerte initiieren oder Diskussionen im kleinen Kreis führen. Bei grundsätzlichem Dissens stellt sich sonst für die Mitglieder leicht die Frage nach dem Sinn ihrer Mitgliedschaft.
Es gibt Probleme in der Zusammenarbeit: Schlendrian, schlechte Angewohnheiten wie Unpünktlichkeit oder andere Unzuverlässigkeiten.	Mit den Beteiligten die Probleme besprechen und sich nach deren Lösungsideen erkundigen. Wenn keine Motivation zur Veränderung erkennbar ist, die Mitarbeiter bzw. Vorstandskollegen mit den Auswirkungen ihres Handelns für das Ansehen des Vereins und für das Klima der Zusammenarbeit konfrontieren.
Es gibt Beschwerden über mangelnde Professionalität, mit der in einzelnen Bereichen des Vereins gearbeitet wird.	Das Qualitätsmanagement verbessern. Dafür kann man eine externe Beratung heranziehen oder ein Konzept zur Professionalisierung der Mitarbeiter entwickeln.
Es gibt persönliche Animositäten.	In solchen Fällen ist es äußerst schwierig, eine Lösung herbeizuführen. Ein Gespräch zu dritt, mit einer unabhängigen Person aus dem Verein, hilft meist etwas, weil danach zumindest alle Beteiligten besser wissen, woran sie miteinander sind. Es kann auch Mediation oder Coaching durch einen entsprechend ausgebildeten externen Berater nützen.
Es gibt vielfältigen Unmut über die Arbeitsweise des Vorstands.	Einen Rahmen schaffen, in dem die Beschwerden geäußert werden können. Der Rahmen sollte so beschaffen sein, dass in Ruhe über die Berechtigung der Vorwürfe diskutiert werden kann.

Ein Leitbild als Allheilmittel?

In der Vergangenheit wurde vielfach nach dem Motto gearbeitet: »Tue Gutes und sprich nicht darüber!« Bei einer solchen Haltung haben Mitarbeiter, Führungskräfte und die Öffentlichkeit kaum eine Chance, die Verbindung zwischen den Grundwerten und den aktuellen Aktivitäten des Vereins zu erkennen. Leitbilder sind ausführliche Visitenkarten, die intern und extern diesen Zusammenhang sichtbar machen.

Die Entwicklung von Leitbildern gilt zunehmend in Vereinen als modern. Vorstände hoffen vielfach, dadurch interne Konflikte lösen zu können. Darum werden in letzter Zeit immer häufiger mit großem zeitlichen Aufwand Leitbilder entwickelt. Leider führen sie häufig nicht zu den erwünschten Ergebnissen, weil die Entwicklung von Leitbildern kein geeignetes Instrument zur Reduzierung von Konflikten ist.

Vereine haben vitale, wenn auch unausgesprochene Leitbilder, die den Zusammenhalt der Gemeinschaft sehr wirksam sicherstellen können. Der ideelle Vereinszweck, wie er in der Satzung steht, ist in der Regel nur ein schwaches, sehr allgemein gehaltenes Abbild der im Vereinsleben wirksamen Leitbilder.

Unglaubwürdige Leitbilder schaden der Führung!

Die Wirksamkeit eines Leitbildes hängt nicht nur von der Form ab, in der es am Ende veröffentlicht wird. Sie hängt vor allen Dingen aber davon ab, ob Mitarbeiter und Führungskräfte es innerlich mittragen. Wenn sie es mit dem in Verbindung bringen können, was ihnen an ihrer Arbeit gefällt oder was sie für machbar halten, wenn es realistisch und glaubwürdig erscheint, kann das Leitbild die Zusammenarbeit aller Beteiligten beflügeln. Die schriftliche Form eines Leitbildes, die diese Bedingung nicht erfüllt, ist das Papier nicht wert, auf dem sie gedruckt wurde. Das zeigt das folgende Beispiel.

Ein misslungener Entwicklungsprozess

Eine Mitarbeiterin erzählt: »Ich kenne das von diesem elend langen Prozess über dreieinhalb Jahre, der von der Geschäftsführung zu Anfang hoch gelobt wurde als das (!) zukunftsweisende Mittel. Die erste Abteilungsleiterversammlung mit der Geschäftsführung und dem Vorstandsvorsitzenden wurde von einem in Beratung geschulten Pastor geleitet. Das Ganze fand am Wochenende in einem schön gelegenen Tagungshaus statt. Die Abteilungsleiter hatten ihre Familien dabei. Dann kam alles ganz anders: Zunächst haben sich die Abteilungsleiter unter der Leitung dieses Pastors kräftig gestritten. Aber immerhin kam dann dabei heraus, dass drei Arbeitsgruppen gegründet wurden.

Die Arbeitsgruppe Kommunikation sollte sich beispielsweise mit der Organisation der Mitarbeiterkantine beschäftigen: welche Öffnungszeiten, ob regelmäßiges Salatbüfett usw. Die zweite Arbeitsgruppe hieß – glaube ich – AG Budgetierung. Die hat nie funktioniert. Die dritte Arbeitsgruppe schließlich war diejenige, die sich um das Leitbild kümmern sollte. Da war die Geschäftsführung dabei. Wenn mich nicht alles täuscht, sollten die Abteilungsleiter dann das Ergebnis an die Mitarbeiter weitergeben und mit denen diskutieren. Aber eigentlich war das Leitbild schon fertig. Das hat Unruhe unter den Mitarbeitern ausgelöst, da angstauslösende Formulierungen drin standen. Es wurden Entlassungen befürchtet.

Wegen dieser Unruhe wurde eine Mitarbeiterversammlung einberufen. Es wurde heftig diskutiert, die Mitarbeiter äußerten alle ihre Befürchtungen. Die Geschäftsführung gab keinen Kommentar dazu. Die einzige Frage der Geschäftsleitung war: Ob die Mitarbeiter wüssten, wozu so ein Leitbild gut sei. Die Antwort eines Abteilungsleiters lautete: Damit man Bewerbern eine Kopie geben kann. Genauere Erläuterungen kamen nicht außer der wiederholten Feststellung, wie wichtig ein Leitbild sei.

Sonderliche Auswirkungen hatte die Einführung des Leitbildes aber am Ende nicht. Es hat viel Zeit gekostet. Wir fanden, dass es eine reine Beschäftigungstherapie gewesen ist.«

Was ist schief gelaufen?

Wenn ein Verein massive interne Konflikte hat, wenn Machtkämpfe aller Art formell und informell stattfinden, wenn die Führungskräfte nicht führen, wenn die Arbeitsabläufe ungünstig konstruiert sind, wenn es Probleme unter den Mitarbeitern gibt oder die Finanzen nicht stimmen, hilft die Entwicklung eines Leitbildes meist nicht viel weiter. Sie kann sogar die Situation verschlimmern, weil der Vorstand damit allen Beteiligten deutlich vor Augen führt, dass er die eigentlichen Probleme entweder nicht versteht oder falsch anpackt. Im ungünstigsten Fall bekommen Mitglieder, Führungskräfte und Mitarbeiter den Eindruck, dass ihnen Sand in die Augen gestreut werden soll. In diesem Fall war den Mitarbeitern nicht erklärt worden, was das Leitbild sollte. So blieb unklar, welches Ziel verfolgt werden sollte: Soll ein Informationspapier für Kursteilnehmer erstellt werden oder soll eine hierarchieübergreifende Diskussion um Grundwerte und Zukunftsvorstellungen geführt werden? Es gab offenbar vor Beginn keine ausführliche Informationsphase. Die normalen hierarchischen Informationskanäle durch Führungskräfte sind bei einem solchen breit angelegten Verständigungsprozess fast immer ungenügend. Unter solchen Bedingungen sind Mitarbeiter darauf angewiesen, sich selbst einen Reim auf das Vorhaben zu machen. Erfahrungsgemäß denkt sich in einer solche Situation jeder etwas Anderes. So schaffen sich die Veranstalter zusätzliche Konflikte.

In Informationsveranstaltungen zu Beginn hätte erklärt werden müssen, was sich die Geschäftsführung erhofft und wie sie mit den Ergebnissen hätte umgehen wollen. Außerdem wäre es wichtig gewesen zu erläutern, wer wann und wie mit welchen Zielen beteiligt werden sollte.

Normalerweise würde man die Mitarbeiter stärker und früher beteiligen. In diesem Fall scheint sich niemand darum gekümmert zu haben, das Interesse der Mitarbeiter zu gewinnen und um deren Unterstützung zu werben. Die Frage, ob die Mitarbeiter die Vorgehensweise für sinnvoll halten, hat die Leitung offenbar nicht interessiert.

Die Rolle des Vorstandsvorsitzenden blieb in dem geschilderten Beispiel ebenfalls die ganze Zeit unklar: Welche Interessen und Ziele verfolgt er? Woran wird er am Ende festmachen, ob die Zeit und das Geld gut investiert waren? Das Verhältnis von Berater zu internen Führungskräften und die Frage, wer ist wofür verantwortlich, scheint ebenfalls ungeklärt. Offenbar wusste am Ende niemand so recht, was er mit den Ergebnissen anfangen sollte.

Die Ergebnisse und der Arbeitsaufwand von Führungskräften und Mitarbeitern wurden in keiner Form gewürdigt. Das signalisiert den Mitarbeitern deutlich, dass ihr Engagement der Geschäftsführung und dem Vorstand wenig wert ist.

Im Beispiel hat die Leitbild-Diskussion dazu geführt, dass die Abteilungsleiter nach langen Jahren der Nicht-Kommunikation angefangen haben, sich die Meinung zu sagen. Hier hat der Prozess zur Entwicklung des Leitbildes ein allen Beteiligten bekanntes Konfliktfeld »aufgewärmt«. Zwar wird jede Unternehmensentwicklung zu einer Intensivierung der Kommunikation führen. Dabei werden natürlich auch Konfliktfelder berührt. Hier hat diese Vorgehensweise zu einer Vermischung von Teamentwicklung und Leitbild-Diskussion ohne vorherige Absprache geführt. Wenn man das Leitbild im Rahmen der vorhandenen hierarchischen Strukturen erarbeitet, fungiert die Leitbild-Entwicklung leicht als Türöffner für ungeplante Beziehungsklärung zwischen den Beteiligten. Eine solche Situation birgt die Gefahr, dass keine der beiden Fragestellungen befriedigend bearbeitet werden kann. Die Leitbild-Erstellung eignet sich kaum zur Bearbeitung von konkreten Teamkonflikten.

Erstellung eines Leitbildes

Bei sorgsamer Erarbeitung eines Leitbildes muss der Vorstand selbst zunächst folgende Fragen beantworten:

- ❖ Was soll damit erreicht werden? Welches Problem soll kuriert werden? Ist die Erstellung eines Leitbildes ein geeignetes Mittel?
- ❖ Wie soll die Arbeitsgruppe für die Vorbereitung zusammengesetzt sein?
- ❖ Welche Informationspolitik wird parallel zur Erarbeitung des Leitbildes betrieben?
- ❖ Welche Formen der Beteiligung von Mitgliedern, Führungskräften und Mitarbeitern sind sinnvoll?

Vorklärung und Diagnose

Jeder Leitbild-Entwicklung muss eine Diagnose vorausgehen, in der der Vorstand sich die Frage beantwortet, ob ein Leitbild das geeignete Handwerkszeug zur Lösung vorhandener Probleme ist oder ob in der gegebenen Situation andere Schritte für die Vereinsentwicklung nötiger sind. Wenn die Vorstandsmitglieder unsicher sind, wie sie das entscheiden sollen, sollten sie externe Organisationsberater zu Rate ziehen.

Wenn Vorstand und Arbeitsgruppe sich über die Vorgehensweise, das Lenkungskonzept und den Zeitplan geeinigt haben, müssen die beteiligten Personen nicht nur sorgfältig informiert werden, sondern für aktive Beteiligung gewonnen werden.

Planungsphase

Eine Arbeitsgruppe, die die Vorarbeiten und die prozessbegleitenden Arbeiten macht, sollte hierarchieübergreifend zusammengesetzt sein. Auf diese Weise gerät sie nicht so leicht in Alltags- oder Teamprobleme, die vorhandene Gruppen miteinander unter Umständen haben. Außerdem wird so sichergestellt, dass bei der Planung Sichtweise und Denkmuster mehrerer Gruppierungen berücksichtigt werden.

Die Arbeitsgruppe hat die Aufgabe, dem Vorstand Vorschläge zu folgenden Fragen zu machen:

❖ Wer soll beteiligt werden?
❖ Wie viele Arbeitsgruppen werden das Leitbild erarbeiten?
❖ Wer moderiert die Arbeitsgruppen?
❖ Wie werden die nicht direkt beteiligten Mitglieder und Mitarbeiter informiert und in die Diskussion mit einbezogen?
❖ Wie kommt die Dokumentation von Zwischenergebnissen und wie die Endfassung zu Stande?
❖ Wie soll der Zeitplan aussehen?

Vorstand und Geschäftsführung müssen bei einem solchen Arbeitsprozess Lenkungsaufgaben übernehmen:

❖ Der Vorstand entsendet ein bis zwei Personen in die Vorbereitungsgruppe.
❖ Er entscheidet auf Grund des Vorschlags der Vorbereitungsgruppe, welche methodischen Wege zur Erstellung des Leitbildes beschritten werden und ob externe Beratung in Anspruch genommen werden soll.
❖ Er lässt sich über den Fortgang der Dinge berichten und achtet darauf, dass die zeitlichen Vorgaben nicht überschritten werden.
❖ Er stellt die nötigen Gelder zur Verfügung.
❖ Er sorgt dafür, dass es eine aktive Informationspolitik für nicht direkt beteiligte Mitglieder und Mitarbeiter gibt.
❖ Er stellt sicher, dass die Ergebnisse angemessen veröffentlicht, gewürdigt und unter Umständen mit einem Fest oder einer Feier begangen werden.

Prozessbegleitende Information

Für die Motivation der Mitarbeiter und ihr Interesse, sich zu beteiligen, ist ihre Informierung und die Diskussion der geplanten Schritte vor Beginn und während der Leitbild-Arbeit entscheidend. Der unglückliche Verlauf der beispielhaft geschilderten Leitbild-Diskussion zeigt das exemplarisch. Je nach Anzahl der aktiven Mitglieder und der Beschäftigten können folgende Wege zur begleitenden Information beschritten werden:

❖ Flugblätter einsetzen, die über den Stand berichten.
❖ Eine Veranstaltung zur Zwischenbilanz durchführen, zu der alle Beteiligten eingeladen werden. Wie auf einem Marktplatz werden die Diskussionsergebnisse der beteiligten Arbeitsgruppen präsentiert. Es gibt Gelegenheit nachzufragen. Im Anschluss findet eine Plenumdiskussion über Übereinstimmungen und Differenzen statt.
❖ Zwischenberichte verteilen, die allen Beteiligten in kurz gefasster Form den Diskussionsstand der Arbeitsgruppen zugänglich machen.
❖ Kurzbericht in der Vereinszeitschrift veröffentlichen.

Abschluss und Ergebniswürdigung

Der Vorstand sollte am Ende die Frage stellen: Haben wir mit dem Leitbildprozess unsere Ziele erreicht? Wenn das so ist, sollte allen Beteiligten in einer angemessenen Weise gedankt werden. Ein lapidares Dankesschreiben ist nicht immer ausreichend. Sind die ursprünglichen Ziele nicht ganz erreicht worden, sollte die Mühe, die bisher aufgewendet wurde, ebenfalls gewürdigt werden und erklärt werden, welcher weitere Weg eingeschlagen wird.

Fragen, die man sich im Zusammenhang mit Konflikten stellen sollte

Wie ist die Atmosphäre im Vorstand, in der Geschäftsführung, unter den Mitarbeitern und im Verein insgesamt?

_____

_____

_____

Kommt es zwar immer mal wieder zu Auseinandersetzungen, aber danach geht man wieder zur Tagesordnung über? Warum ist das so?

_____

_____

_____

Gibt es heiße Machtkämpfe im Verein? Worum geht es dabei? Gibt es Spannungen zwischen einzelnen Personen oder Abteilungen, die die Arbeit stören?

_____

_____

_____

Besteht die Chance, dass sich die Sache von selbst regelt?

_____

_____

_____

Wer aus dem Vorstand ist bereit, sich über die Ursache und Tiefe des Konflikts Gedanken zu machen und das Geschehen im Auge zu behalten oder erste Schritte zur Konfliktlösung einzuleiten?

_____

_____

_____

Fazit

Anders als Wirtschaftsunternehmen haben Vereine und ähnliche Organisationen nicht nur die Aufgabe, mit Angeboten oder Dienstleistungen in der Gesellschaft tätig zu werden, sondern sie haben auch die Aufgabe, die Einigkeit und Verbundenheit unter den Mitgliedern der Gemeinschaft zu pflegen und weiterzuentwickeln. Damit sind sie gesellschaftspolitische Akteure. Sie leisten einen Beitrag zur Entwicklung von Demokratie und Zivilgesellschaft. Komplexe Meinungsbildungsprozesse sind dabei ein zentrales Instrument.

Meinungsbildung und Beteiligung haben somit einen viel höheren Stellenwert als in Wirtschaftsbetrieben, denn sie bilden die vitale Grundlage für die Handlungsfähigkeit von Mitgliedern, Mitarbeitern und Vorstand. Sie sind das Herz dieser Organisationen. Viele Vorstände arbeiten jedoch über weite Strecken relativ losgelöst von Mitarbeitern und Mitgliedern. Meistens ist dies ein Ausdruck von Hilflosigkeit bei allen Beteiligten: Sie sind seit Jahren gewohnt, vereinsinterne Konflikte mit wachsenden finanziellen Ressourcen in Schach zu halten. Angesichts knapper werdender Mittel steht dieses Befriedungsmittel vielerorts nicht mehr zur Verfügung. Das ist für viele eine noch ungewohnte Situation. Halbherziges Engagement bei Vorstandsmitgliedern oder geringe Erfahrung mit der Eigendynamik von Verteilungskämpfen und Innovationsprozessen erschweren die Lage zusätzlich.

In dieser Situation suchen manche Vereine nach schneller Hilfe. Tatsächlich aber sind schnelle Lösungen nicht so leicht zu haben. Vielmehr zeigt sich, dass modernes Managementwissen wenig hilft, solange ein Vorstand nicht zugleich entschlossen ist, mit viel Zeitaufwand und sozialem Fingerspitzengefühl komplexe Diskussionsprozesse im Verein in Gang zu setzen, deren Ziel es ist, sich über die Prioritäten der Vereinsarbeit zu einigen.

Das landläufige Instrumentarium der Unternehmensentwicklung kann für Vereine sehr nützlich sein. Es darf allerdings nicht die Steuerung durch den Vorstand ersetzen. Ganz im Gegenteil: Mitglieder und Mitarbeiter beanspruchen zu Recht, dass sich ihr Vorstand mit ihren Ansichten und Vorbehalten gegenüber Neuerungen ernsthaft auseinandersetzt. Das macht die Steuerung dieser Organisationen besonders kompliziert und heikel.

Literaturverzeichnis

Ackermann K.-F. (Hrsg.): Balanced Scorecard für Personalmanagement und Personalführung, Gabler, Wiesbaden 2000

Agricola S.: Vereinswesen in Deutschland, Bundesministerium für Familie, Senioren, Frauen und Jugend (Hrsg.), Kohlhammer, Köln 1997

Anheier H.K./Proller E./Seibel W./Zimmer A.: Der Dritte Sektor in Deutschland, Sigma, Berlin 1998

Badelt C.: Handbuch der Nonprofit Organisation, Schäffer-Pöschel, Stuttgart 1999

Bezirksarbeitsgemeinschaft Arnsberg des Landesverbandes der Volkshochschulen von Nordrhein-Westfalen e.V. (Hrsg.): Projektbericht, 1999

dpa: Deutsche haben 550 000 Vereine, Frankfurter Rundschau, 1.10.2001

Grawe B.: Im Schoß der Institution, in Gröning/Bauer, Institutionsgeschichten/Institutionsanalysen, edition diskord, Tübingen 1995

Grunow D.: In: Rauschenberg T., Sachße C./Olk T.: Von der Wertgemeinschaft zum Dienstleistungsunternehmen, Suhrkamp, Frankfurt/Main ^{2}1996

Hartmann M./Rieger M./Luoma M.: Zielgerichtet moderieren, Ein Handbuch für Führungskräfte Berater und Trainer, Beltz, Weinheim und Basel 1996

Königswieser R./Keil M. (Hrsg.): Das Feuer großer Gruppen, Stuttgart: Klett-Cotta 2000

Langnickel H.: Qualität fängt im Vorstand an, Bundesministerium für Familie, Senioren, Frauen und Jugendliche Hrsg.

Neuberger O.: Führen und geführt werden, Enke, Stuttgart 1994

Neuberger O.: Mikropolitik, Enke, Stuttgart 1995

Maleh C.: Open Space: Effektiv arbeiten mit großen Gruppen, Beltz, Weinheim und Basel 2000

Olk T./Rauschenberg T./Sachße C.: Von der Wertgemeinschaft zum Dienstleistungsunternehmen, Suhrkamp, Frankfurt/Main ^{2}1996

Ott S.: Vereine gründen und erfolgreich führen, C.H. Beck, München 1998

Schwarz P., Purschert R., Giroud C.: Das Freiburger Management-Modell für Nonprofit-Organisationen, Haupt, Bern, Stuttgart, Wien 1999

Trömel-Plötz S.: Gewalt durch Sprache, Fischer Taschenbuch Verlag, Frankfurt/Main 1984

Tricker B.: Pocket Director, The Economist Books, London 1999

Weidenmann B.: 100 Tipps & Tricks für Pinnwand und Flipchart, Beltz, Weinheim und Basel 2000

Wopp C.: Endbericht Niedersächsischer Turner Bund, Deutsche Vereinigung für Sportwissenschaft, 2001

Zimmer A.: Vereine – Basiselemente der Demokratie, Leske + Buderich, Opladen 1996

W BELTZ WEITERBILDUNG

Regina Mahlmann
Konflikte managen
Psychologische Grundlagen,
Modelle und Fallstudien.
204 S. Pappband.
ISBN 3-407-36389-1

Konflikten sind wir täglich
ausgesetzt: Entscheidungen
stehen an, im Team herrscht
Unmut, der Chef ist anderer
Meinung. Ausweichen ändert
nichts. Innere, zwischen-
menschliche und soziale
Konflikte lauern überall!
Konfliktfähigkeit ist eine
Kunst, die Sie lernen können.
Wird sie beherrscht, lassen
sich viele Konfliktherde
frühzeitig erkennen und
Turbulenzen meistern. Die
Autorin liefert das Hand-
werkszeug: Sie beschreibt
die Ursachen von Konflikten,
den möglichen Verlauf sowie
die konstruktive Handhabung.

Aus dem Inhalt:
Voraussetzungen für Kon-
fliktfähigkeit; Innere Kon-
flikte; Zwischenmenschliche
Konflikte; Soziale Konflikte;
Fallstudien.

Regina Mahlmann
**Einzel-Coaching:
Kompetenz entwickeln**
Grundsätzliches, Schattentage
und Dialogbeispiele.
155 Seiten. Pappband.
ISBN 3-407-36377-X

Coaching ist die effektivste
Form des beruflichen Lernens.
Regina Mahlmann gibt Ein-
blick in den praktischen Prozess des Einzel-Coachings:
angefangen vom ersten Kontakt, über die so genannten
Schattentage, an denen sie
ihre Klienten am Arbeitsplatz
begleitet, bis hin zu konkreten
Dialogen in den Sitzungen.
Mit dem Buch erhalten Sie
eine Entscheidungshilfe: Will
ich gecoacht werden? Kann
ich als Trainer selbst coachen?
Sowohl Klient als auch Coach
werden angeregt, über ihr
berufliches Handeln nachzudenken.

Aus dem Inhalt:
Ein Blick auf die Coaching-
Landschaft; Rechenschaft und
Bekenntnisse eines Coachs;
Coaching in Aktion.

Matthias zur Bonsen/
Carole Maleh
**Appreciative Inquiry (AI):
Der Weg zu
Spitzenleistungen**
Eine Einführung für Anwen-
der, Entscheider und Berater.
117 Seiten. Pappband.
ISBN 3-407-36380-X

Appreciative Inquiry bedeutet
frei übersetzt »wertschätzende
Erkundung«. Diese Methode
identifiziert gezielt das Positive
in Unternehmen und ent-
wickelt es weiter. Die Wirksamkeit von AI ist leicht zu
demonstrieren: Wann zeigen
sich Ihre Mitarbeiter motivier-
ter? Wenn Sie ihnen ständig
vorhalten, was sie falsch machen oder wenn Sie das unter-
suchen und fördern, was bis-
lang gut lief? Entdecken Sie
mit AI die »Juwelen der Organisation«. Entfachen Sie so
eine Begeisterungsfähigkeit,
die Energie freisetzt.

Aus dem Inhalt:
Appreciative Inquiry: Erkun-
den und Entwickeln des Posi-
tiven; Der AI-Prozess; Anwendung von AI.

Hans-Jörg Hennig
Immer locker bleiben!
70 Wohlfühl-Übungen für
Büro, Seminar und Schule
190 Seiten. Pappband.
ISBN 3-407-36381-8

Sie sitzen am PC und fühlen
sich verspannt? Oder: Sie sind
Trainer und Sie möchten, dass
Ihre Teilnehmer auch nach der
Mittagspause aufnahmefähig
bleiben? Dann ist Zeit für eine
Wohlfühl-Übung.
Der Autor hat ein Übungspro-
gramm zusammengestellt, das
Sie sofort anwenden können.
Sie haben die Auswahl:
Flottmacher (Mobilisation);
Geschmeidigmacher
(Dehnung); Starkmacher
(Kräftigung); Rettungsinseln
(Entspannung).
Trainieren Sie und haben Sie
Spaß dabei! Das Resultat:
anhaltendes Wohlbefinden,
Fitness und Aktivität.

Aus dem Inhalt:
Tipps für einen »bewegten«
Arbeitstag; Übungsprogram-
me für den Einstieg; Vorschlag
für ein Wochenprogramm.

Beltz Verlag · Postfach 10 01 54 · 69441 Weinheim · www.beltz.de

W BELTZ WEITERBILDUNG

Martin Hartmann / Rüdiger Funk / Horst Nietmann
Präsentieren
Präsentationen: Zielgerichtet und adressatenorientiert.
151 S. Gebunden.
ISBN 3-407-36370-2

»Wer eine ›Dramaturgie der Präsentation‹ sucht, wird hier fündig! In der Verschränkung von Ziel, Inhalt und Methode ist dieses Buch Spitzenklasse, immer wieder mit Gewinn zu Rate zu ziehen.«
W. Beywl, CONTRASTE

»Das Buch ist klar und übersichtlich aufgebaut und führt schrittweise durch die Phasen der Vorbereitung und Durchführung von Präsentationen. (...) Eine gelungene Lektüre, die die praktische Erfahrung der Autoren widerspiegelt.«
Der deutsche Berufsausbilder

Aus dem Inhalt:
Vorbereitung, Aufbau und Durchführung der Präsentation; Fragen und Diskussion; Visualisierung und Einsatz von Medien; Checkliste.

Martin Hartmann / Michael Rieger / Marketta Luoma
Zielgerichtet moderieren
Ein Handbuch für Führungskräfte, Berater und Trainer.
156 S. Zahlr. Abb. Pappband.
ISBN 3-407-36356-7

In vielen Unternehmen und Organisationen spricht es sich herum: gut moderierte Gruppen sind einfach effizienter. Die Zusammenarbeit verläuft zufriedenstellender, die Ergebnisse erfüllen höchste Ansprüche und werden von allen Gruppenmitgliedern getragen. Und die Chance, dass derartige Ergebnisse in der Praxis auch wirklich zur Anwendung gelangen, steigt enorm.

»Fazit: Ein überzeugendes Buch, das Schritt für Schritt den Weg in moderierte Besprechungen zeigt.«
TRAINING aktuell

Aus dem Inhalt:
Was bedeutet Moderation? Die Stärken der Methode; Vorbereitung und Ablauf einer moderierten Sitzung; Checklisten für die Praxis.

Peter Kürsteiner
Reden, vortragen, überzeugen
Vorträge und Reden effektiv vorbereiten und erfolgreich präsentieren.
155 S. Zahlr. Abb. Pappband.
ISBN 3-407-36351-6

»Wer so spricht, dass er gut verstanden wird, spricht immer gut.« (Molière) Das bedeutet: Wer sein Wissen ansprechend in Worte verpacken kann, wird seine Ziele schneller erreichen und seine Zuhörerschaft leichter mit sich reißen. Doch so einfach fällt das vielen Menschen leider nicht. Damit es Ihnen leichter fällt, finden Sie in diesem Buch viele Tipps und Übungen, die Sie direkt in die Praxis umsetzen können. Denken Sie daran: »Eine gute Rede soll das Thema erschöpfen, nicht die Zuhörer.« (Churchill)

Aus dem Inhalt:
Verschiedene Arten der Rede; Spannung erzeugen und halten; Richtige Modulation; Umgang mit Einwänden und Störungen.

Ulrich Lipp / Hermann Will
Das große Workshop-Buch
Konzeption, Inszenierung und Moderation von Klausuren, Besprechungen und Seminaren.
299 S. 170 Abb. Pappband.
ISBN 3-407-36375-3

Jetzt mit Stichwortverzeichnis! Das Praxisbuch für alle, die Workshops, Klausuren, Tagungen, Besprechungen und Seminare leiten.

»Wenn jemals das gern zitierte Schlagwort ›Aus der Praxis für die Praxis‹ zutraf, dann bei diesem Buch (...). Auf knapp 300 Seiten haben die Autoren alles Wissenswerte zum Thema ›Workshop‹ zusammengetragen. Und es bleibt zu hoffen, dass Moderatoren, Trainer und Dozenten dieses Buch zu ihrer Pflichtlektüre machen.«
Dr. M. Madel, Seminarführer

Aus dem Inhalt:
Ablaufpläne von Workshops; Vorher und Drumherum; Umsetzung anschieben; Workshops mit Großgruppen.

Beltz Verlag · Postfach 10 01 54 · 69441 Weinheim · www.beltz.de

W BELTZ WEITERBILDUNG

Karlheinz A. Geißler
Lernprozesse steuern
Übergänge: Zwischen
Willkommen und Abschied.
215 S. 61 Abb. Broschiert.
ISBN 3-407-36320-6

»Ein Buch wie die bekannte
Schokolade: quadratisch,
praktisch, gut. Schmackhaft
durch die Mischung von
konzeptionellem Anspruch
mit einsichtigen Vorschlägen
zu deren Umsetzung,
bekömmlich durch reichhal-
tige Zugabe von Zitaten,
Aphorismen, Schaubildern,
Karikaturen und anderen
Einsprengseln, die den
Gedankenfluss witzig kom-
mentieren (...). Einladend
strukturiert und portioniert,
daher in langen Riegeln wie
auch in kleinen Stücken
zu genießen.«
Jürgen Kleindick, das forum

Aus dem Inhalt:
Lehr-/Lernprozesse steuern
und gestalten; Schwierige
Situationen; Übergänge; Die
Gruppe und ihre Dynamik.

Bernd Weidenmann
**100 Tipps und Tricks für
Pinnwand und Flipchart**
92 S. Broschiert.
ISBN 3-407-36364-8

Kaum noch Seminare ohne
Flipchart und Pinnwand,
ohne Moderatorenkoffer mit
Stiften, Karten, Nadeln und
Überschriftenwolken. Mit
den 100 Tipps und Tricks in
diesem Buch erwachen Ihre
Flipcharts und Pinnwände
zu neuem Leben. Ihre Teilnehmer werden begeistert
sein! Lassen Sie sich über-
raschen von originellen Ideen:
Fadentrick, Knüllwolke,
Pinnwandlampe, wandelnde
Litfaßsäule, Kartenjogging,
Ampelfeedback, Schubladen-
pinnwand, Schnell-Clustern
und vieles mehr.

Aus dem Inhalt:
Freihand-Skizzen; Schreiben
wie ein Profi; Überschriften
als Muntermacher; Originelle
Ideen für Standardposter;
Karten vernetzen; Medien-
Kombi; Pinnwand als Requi-
site; Überraschungskarten;
Lernspiele.

Bernd Weidenmann
Erfolgreiche Kurse
und Seminare
Professionelles Lernen mit
Erwachsenen
209 S. Pappband.
ISBN 3-407-36379-6

Erwachsene Lerner sind
anspruchsvoll. Sie wünschen
sich lebendige, effektive,
praxisnahe Kurse und Seminare. So werden Kurs- und
Seminarleiter in der Erwachsenenbildung heute mehr
denn je gefordert. Der
renommierte Lernpsychologe
und erfahrene Trainer Bernd
Weidenmann stellt vor, wo-
rauf es ankommt.

»Ein Buch, das auf dem
Schreibtisch eines jeden Trai-
ners und Seminarleiters seinen
festen Platz haben sollte.«
Dr. M. Madel, Seminarführer

Aus dem Inhalt:
Die Lernarbeit: Situationen
und Personen; Die wichtigsten
Methoden; Die wichtigsten
Medien; Den Prozeß gestalten:
Symbole, Spiele, Krisen.

Gudrun F. Wallenwein
Spiele: Der Punkt auf dem i
Kreative Übungen
zum Lernen mit Spaß.
252 S. Zahlr. Abb. Pappband.
ISBN 3-407-36341-9

Die Konzentration der
Seminargruppe lässt nach, die
Aufmerksamkeit sinkt und
nichts wird mehr aufgenom-
men. Möchten Sie das in
Ihren Seminaren vermeiden?
Gudrun F. Wallenwein hat
Spiele und Übungen für
Seminare gesammelt und den
verschiedenen Einsatzmög-
lichkeiten zugeordnet.

»Eine einmalige, fantastische
Sammlung in Seminaren er-
probter Spiele und Übungen,
die in den unterschiedlichsten
Situationen eingesetzt werden
können.«
villa bossaNova, skill media

Aus dem Inhalt:
Der Seminarbeginn; Spiele in
und nach der Pause; Konzen-
trationsspiele; Kreativspiele;
Entspannung; Am Ende eines
Seminartages; Das Seminar-
ende.

Beltz Verlag · Postfach 10 01 54 · 69441 Weinheim · www.beltz.de

W BELTZ WEITERBILDUNG

Marc Stollreiter / Johannes Völgyfy / Thomas Jencius **Stress-Management** Das WAAGE-Programm®: Mehr Erfolg mit weniger Stress. 274 S. Zahlr. Abb. Pappband. ISBN 3-407-36367-2	Axel Schlote **Zeit genug!** Wege zum persönlichen Zeitwohlstand. 166 S. Pappband. ISBN 3-407-36365-6	Rolf Kretschmann **Die Kraft der inneren Bilder** 101 Übungen, mit denen Sie Probleme in Beruf und Privatleben meistern können. 216 S. 38 Abb. Pappband. ISBN 3-407-36362-1	Bodo G. Toelstede **Das Verhandlungskonzept** Hart in der Sache – menschlich im Dialog. 276 S. 36 Abb. Pappband. ISBN 3-407-36330-3

Mehr Erfolg und Lebensqualität, aber weniger Stress! Dieses Handbuch bietet ein wirksames Training zur Stressbewältigung mit mehr als 90 Übungen. Das von den Autoren entwickelte WAAGE-Programm® vereinigt modernste wissenschaftliche Erkenntnisse mit jahrelanger Trainingserfahrung. Es beinhaltet fünf Schritte:
W – Wahrnehmen
A – Annehmen
A – Abkühlen und aktivieren
G – Gewohnheiten aufbauen
E – Einstellungen entwickeln
Zahlreiche Praxistipps helfen bei der Umsetzung.

Aus dem Inhalt:
Wie Stress und Wohlbefinden entstehen; Eigene Ressourcen nutzen; Erholung managen; Der Konzentrationskreis.

Um Zeit-Problemen nachhaltig und wirksam entgegenzusteuern, ist ein Umdenken notwendig. Wer begreift, dass es alternative Möglichkeiten im Umgang mit der Zeit gibt, dem eröffnen sich neue Verhaltensspielräume. Die vielen Übungen in diesem Buch regen an, über sich, den Umgang mit Zeit, über Belastungen und Einstellungen nachzudenken. Ein ausführlicher Fragebogen hilft, die eigene Zeit-Persönlichkeit zu erkennen. Finden auch Sie so Ihren Weg zum ganz persönlichen Zeitwohlstand.

Aus dem Inhalt:
Die gesellschaftlichen Ursachen der Zeitprobleme; Zeitmanagement – die große Illusion; Ein neuer Umgang mit Zeit; Wege zum Zeitwohlstand.

Probleme leichter, lockerer, lustvoller lösen: Innere Bilder helfen dabei. Sie sind kreative Ansätze, um Konflikte bearbeiten zu können. Rolf Kretschmann zeigt, wie der Einstieg in die innere Bilderwelt Sichtweisen verändern kann. Dies führt zu besonderen Ideen, hilft Konflikte zu lösen und Entscheidungen zu treffen. Auch Trainerinnen und Trainer erhalten Tipps, wie sie die Übungen in ihren Seminaren einsetzen können.

»... das Buch enthält selbst für Weiterbildungsprofessionals viele neue Anregungen.«
wirtschaft & weiterbildung

Aus dem Inhalt:
Probleme lockern; Lösungen testen und weiterentwickeln; Konflikte lösen und Verhandlungen führen.

Neben den klassischen Kommunikationsfertigkeiten geht es in diesem Buch vor allem um eine persönliche Strategie und den Einsatz der richtigen Verhandlungsmethode. Es geht um das Fair-Handeln beim Verhandeln. Bodo G. Toelstede hat ein Verhandlungskonzept entwickelt, kurz »K.E.R.Z.E.« genannt, das als Wegweiser dient, um in Zukunft klüger und geschickter verhandeln zu können. Es ist verblüffend leicht anzuwenden und bringt mit Sicherheit Erfolg.

»Ein klassisches Buch ›aus der Praxis für die Praxis‹.«
Windmühle

Aus dem Inhalt:
K.E.R.Z.E. das Erfolgskonzept für Verhandlungen; Schwierige Verhandlungssituationen und -partner.

Beltz Verlag · Postfach 100154 · 69441 Weinheim · www.beltz.de